Peter Weiler

ENDLICH MEHR ZEIT!

Stress und Probleme bewältigen durch die richtige Zeitplanung

SÜDWEST

Inhalt

So sparen Sie Zeit!

Eingefahrene Gewohnheiten ändern

Ein effektives Zeitmanagement bedeutet mehr, als nur auf die Uhr und in den Terminkalender zu schauen, sondern bedingt Verhaltensveränderung bezüglich jahrelang – manchmal sogar jahrzehntelang – eingeschliffener Gewohnheiten. Und das ist schwer, obwohl die »Methode« so einfach ist. Es ist ähnlich anstrengend, wie z. B. das Rauchen aufzugeben. Auch hier gibt es keinen besseren Weg, als einfach nicht mehr nach der nächsten Zigarette zu greifen. Und ähnlich muss man beim Zeitmanagement hier und jetzt einfach das tun, was das Allerwichtigste ist. Dieser kompetente Ratgeber hilft Ihnen, Schritt für Schritt ein besseres Zeitmanagement zu gewinnen.

Wer wie viele Menschen heute unter Zeitmangel leidet, hat auch keine Zeit, viel zu lesen. Deshalb beginne ich meine Ausführungen im ersten Teil des Buches zunächst mit den vier wichtigsten Tipps gegen Zeitnot. Wenn Sie sich daran halten können, haben Sie die dringlichsten Zeitprobleme bereits gelöst.

Sie selbst sind Ihr »Zeitproblem«

Die Anwendung dieser einfachen Tipps ist gleichsam so etwas wie Aspirin gegen Kopfschmerzen. Das Symptom wird kuriert, nicht aber die Ursache der Beschwerden. Und deshalb kann Ihnen auch Zeitmangel weiterhin immer wieder Probleme bereiten.

Typisches Beispiel: Wenn Sie die vier Tipps umsetzen, werden Sie aller Wahrscheinlichkeit nach die Erfahrung machen, dass Sie sich oft nicht an diese halten.

Sich selbst besser konditionieren

Nachdem Sie im ersten Teil dieses Buches erfahren haben, wie Sie mit Ihrer Zeit besser umgehen können, geht es anschließend darum, wie Sie sich selbst besser konditionieren können, um so die wahren Ursachen für Ihre Zeitprobleme abzustellen. Sie werden also keine Tipps finden, wie Sie

Ihren Schreibtisch quadratzentimeterweise so ordnen und Ihre Filzstifte so vorsortieren, dass alles in der optimalen Reichweite vor Ihnen liegt. Solche Tipps helfen hinsichtlich Zeitnot nicht. Ansonsten wäre ja jeder Mensch, der die Uhr lesen kann, auch pünktlich.

Um nachhaltig zu einem guten Zeitmanagement zu gelangen, lautet mein erster Rat gleich an dieser Stelle: Lassen Sie sich bitte Zeit beim Lösen Ihrer Zeitprobleme, denn vermutlich haben Sie bereits jahrelang erfolglos gegen Zeitnot angekämpft und dabei wertvolle Zeit verloren. Zeigen Sie jedoch erneut Mut. Machen Sie sich frei von dem inneren Befehl »Tu was. Tu was. Du musst endlich was tun gegen das ewige Zeitchaos«.

Politik der kleinen Schritte

Wer sich von solchen inneren Befehlen leiten lässt und spontan etwas tut, kommt auf effiziente Ideen und Pläne. Doch es besteht ein Unterschied zwischen Effizienz und Effektivität, d. h. die Dinge richtig zu machen und die richtigen Dinge zu erledigen.

Der zweite Rat lautet: Erwarten Sie keine Wunder von irgendwelchen Experten. Denn Sie selbst sind der Experte für Ihre Probleme und für die Lösung dieser Probleme.

- Sie werden deshalb in diesem Buch kaum einen Rat finden, der Ihnen neu ist.
- Sie werden überrascht sein zu erfahren, dass Sie die meisten Dinge beim Zeitmanagement bisher – und trotz noch vorhandener Zeitprobleme – richtig gemacht haben.
- Sie werden ein paar – für manchen Menschen dann doch neue – Erklärungen finden, warum Ihre richtigen Ideen in der Praxis bisher nicht funktioniert haben.
- Und Sie werden merken, dass Sie nur ganz wenige Dinge ändern müssen, um ganz viel zu erreichen.

Nur wenige Dinge ändern

- Sie werden zudem sehen, dass ein paar einfache Allerweltserkenntnisse fast schon die ganze Lösung aller Zeitprobleme sind. Allerweltserkenntnisse würden ja nicht von Generation zu Generation weitergegeben, wenn in ihnen nicht etwas Wahrheit stecken würde.

Ohne Zeitplaner termingerecht durchs Jahr

Zeitchaos entsteht durch

1. Dinge, die wir ungern tun, die wir deshalb verdrängen,
2. Zersplitterung unserer Zeit,
3. falsche Einschätzung der Zeit, die wir für Menschen brauchen, und
4. durch Aufschieben. Dieses ist wiederum zumeist Folge unrealistischer Erwartungen an uns selbst.

51 Schritte zum Erfolg

Mit Hilfe meines gezielten Programms, das sich in genau 51 Schritte gliedert, werden Sie erkennen, wie Sie diesen Ursachen sinnvoll begegnen können. Und so groß Ihnen die Zeitprobleme auch erscheinen mögen, seien Sie versichert: Es gibt einfache Lösungen. Sie werden allerdings nur wirksam, wenn Sie Ihre Zeit und damit sich selbst mit Liebe und Respekt behandeln.

Ja, Sie können mit Hilfe dieses praxisnahen Ratgebers so weit kommen, dass Sie statt eines Terminkalenders, Zeitplaners, Zeitsystems etc. das Jahr über mit ein paar Notizzetteln auskommen, die in ihr Portemonnaie passen und Brust- und Handtaschen nicht mehr aufblähen.

Selbstvertrauen – der Schlüssel zum Erfolg

Viele Lösungen unseres scheinbar chronischen Zeitmangels liegen auf der Hand. Warum wenden wir diese Lösungen nicht an? Wer im Chaos seiner »Zettelwirtschaft« versinkt, weiß ganz genau, dass er Ordnung halten muss. Wer ständig unpünktlich ist, Termine überzieht oder mit Arbeiten erst sehr spät anfängt (»Ich kann nur unter Druck arbeiten«), der weiß natürlich, dass er einfach nur pünktlich sein und rechtzeitig mit einer termingebundenen Arbeit anfangen müsste – und schon wären alle Probleme gelöst. Warum nutzen wir diese einfachen Lösungen nicht? Eine Frage, die dieses Buch beantworten wird.

Lösungen liegen meist ganz nah

Probleme der Selbstorganisation liegen nicht so sehr im Bereich einer irgendwie gearteten »Arbeitstechnik«. Sie liegen im psychologischen Bereich. Nur wer sich selbst vertraut, bekommt nämlich auch Selbstvertrauen, vieles – auch sein Zeitchaos – zu meistern. Deshalb gibt es in diesem Buch einige Aufgaben zur Selbstbeobachtung, d. h. Kästen zum Ankreuzen, die Ihnen Aufschluss darüber geben, wo eigentlich Ihre wertvolle Zeit bleibt, warum Sie Termine vergessen, Terminarbeiten zu spät anfangen etc. und was sich dahinter verbergen kann. Markieren Sie alles, von dem Sie spontan sagen: »Das trifft auf mich zu.«

Aufgaben zur Selbstbeobachtung

Als Psychologe habe ich Menschen kennengelernt, die sich an ihrem Schreibtischstuhl angebunden haben, damit sie endlich bei der Sache blieben. Andere haben davon geträumt, vor einer wichtigen Prüfung mit einem Lehrbuch für ein paar Wochen ins Gefängnis geschickt zu werden – weil sie erfahren hatten, dass sie in der Freiheit doch immer nur abgelenkt werden. Und ich kenne Menschen, die morgens um 2 Uhr aufgestanden sind, um jenen Bericht, für den sie drei Monate Zeit hatten und der um 8 Uhr fällig war, endlich zu schreiben. Um 8.30 Uhr waren sie fertig und hatten trotz der frühen Stunden bereits fünf Flaschen Bier und zwei Liter Kaffee getrunken. Ohne Flüssigkeit, glaubten sie, würden sie zu keinem flüssigen Stil kommen.

Dann gibt es andere, begnadete Menschen. Die erhalten einen Auftrag oder übernehmen einen freiwillig, erledigen ihn, und das Ganze läuft ohne Drama, ohne Alkohol und Kaffee, und darüber hinaus auch noch in der vorgegebenen Zeit ab – problemlos. Der Grund: Sie gehen mit Selbstvertrauen an ihre Aufgaben heran. Sie haben ihr Leben so geordnet und geplant, dass sie ihre Kräfte nicht durch Angst, Zwang, Kampf oder Krampf lähmen. Dahin wollen wir kommen!

Mit Selbstvertrauen Aufgaben meistern

Peter Weiler

Für Menschen in Zeitnot: vier einfache Tipps

Keine Zeit?

Problem – chronischer Zeitmangel

Zeitnot kann quälend sein und führt auf Dauer zu Missmut und Misserfolgen. Doch wieso klagen Menschen über Zeitmangel und haben Schwierigkeiten, dieses Übel abzustellen? Wissen Sie doch oft selbst die Lösung für Ihr Problem!

⚡ Blitztest: Brauchen Sie ein neues Zeitmanagement?

Typische Zeitprobleme	**Reiner Zufall**	**Dafür gibt es einen Grund**
Warum verschlafen wir?	❑	❑
Warum kommen wir zu spät?	❑	❑
Warum bleiben wichtige Dinge liegen?	❑	❑
Warum werden wir mit Arbeiten nicht termingerecht fertig?	❑	❑
Warum sind wir so oft gehetzt?	❑	❑

Ursache: mangelnde Selbstdisziplin

Was sagen Ihnen Ihre Antworten auf diese fünf Fragen? Vermutlich geht es Ihnen wie vielen Menschen mit Zeitmangel. Sie glauben nicht an den Zufall und ahnen, dass sich hinter einem Zeitproblem menschliche Schwächen verbergen.

⚡ Blitztest: Was kann man gegen Zeitnot machen?

Vermutlich haben Sie – wie jeder Mensch, der unter Zeitnot leidet – sogar gute Lösungen für die oben genannten Zeitprobleme parat. Machen Sie einfach bei dem folgenden Blitztest immer dann ein Kreuz, wenn Sie merken: »Das trifft auf mich auch zu.«

Was tun Sie gegen Zeitnot?	ja	nein
Gegen Verschlafen: Wecker stellen.	❏	❏
Gegen Zuspätkommen: früher losgehen.	❏	❏
Gegen Liegenlassen wichtiger Dinge: dringende Dinge zuerst erledigen.	❏	❏
Gegen das »Schmeißen« von Terminen: sich bei der Arbeit nicht verzetteln.	❏	❏
Gegen Stress und Hetze: Stress abbauen.	❏	❏
Alles, was zu tun ist, aufschreiben – auf einen Zettel, auf viele Zettel, in den Terminkalender, ins Notebook, auf die Pinnwand.	❏	❏
Einen Plan machen.	❏	❏
Den Plan abarbeiten.	❏	❏

Bekannte Lösungen bei Zeitproblemen

Eigentlich kennen Sie ja die notwendigen Lösungen, und doch hat jeder, der seine Zeitnot beklagt, schon ein paar der nachfolgend skizzierten Erfahrungen gemacht:

⚡ **Blitztest: Wie realistisch sehen Sie Ihre Zeitprobleme?**		
Typische Erfahrungen	**ja**	**nein**
Der Plan ist richtig. Aber er funktioniert nicht.	❏	❏
Wenn ich nicht geplant, sondern gearbeitet hätte, wäre ich schon fertig.	❏	❏
Wenn ich mich zu etwas zwinge, klappt alles. Aber nur anfangs. Danach bauen sich innere Widerstände auf – oder ich vergesse die einfachsten Dinge.	❏	❏
Wenn ich mich nicht zwinge, bekomme ich ein schlechtes Gewissen. Dann klappt alles ebenfalls, aber wieder nur für eine kurze Zeit.	❏	❏
Ich kann am besten unter Druck arbeiten.	❏	❏

Typische Erfahrungen	ja	nein
Oft schaue ich einfach nicht in den Terminkalender hinein.	❑	❑
Manchmal brauche ich Alkohol, um zu arbeiten, oder Unmengen von Kaffee, oder ich rauche wie ein Schlot.	❑	❑
Des Öfteren habe ich das Hochgefühl, dass ich alles, was zu tun ist, schaffe.	❑	❑
Häufig bin ich verzweifelt und halte mich für einen Versager.	❑	❑
Oft ziehen sich die Versuche, Ordnung ins Leben zu bringen, über Jahre hin. Wenn man älter wird, merkt man, dass aus den Jahren Jahrzehnte geworden sind.	❑	❑
Man kämpft manchmal ein Leben lang gegen Zeitprobleme an, die man vielleicht schon als Schüler hatte.	❑	❑

Dem Realitätsprinzip folgen

Glückwunsch für jedes Kreuz, denn Sie haben den Schritt gewagt, das Prinzip Hoffnung durch das Realitätsprinzip zu ersetzen. Und was beim Zeitmanagement realistisch ist, wird im Folgenden thematisiert.

1. Schritt

Lösen Sie nur ganz wenige Probleme

Kennen Sie die Pareto-Regel? Sie wurde benannt nach dem italienischen Wirtschaftswissenschaftler Vilfredo Pareto (1848–1923) und wird manchmal auch die 20/80-Regel genannt. Die Regel trifft auf viele Organisationsprobleme zu und besagt in Kürze:

- Wer 100 Prozent der Probleme 100-prozentig lösen will, verliert dabei so viel Zeit, Kraft und Geld, dass der Lösungsversuch mehr Schaden als Nutzen bringt.
- Mit nur 20 Prozent aller richtigen, wichtigen und nützlichen Entscheidungen und Maßnahmen kann man einen

80-Prozent-Erfolg erreichen, und diese Quote spart eine Menge Zeit, Kraft und Geld.

- Wer ein Organisationsproblem lösen will, darf keine 100-prozentigen Lösungen anstreben. Hingegen lässt sich durch Abstellen von 20 Prozent der Störgrößen schnell ein 80-prozentiger Erfolg erreichen.

80-prozentiger Erfolg bei 20-prozentigen Maßnahmen

1. Beispiel Finanzproblem

Ein Unternehmen hat sehr viele Außenstände. Viele Kunden haben ihre Rechnungen nicht bezahlt. Ein neuer Finanzchef analysiert die Lage. Er findet unter den 100 Prozent säumiger Kunden die 20 größten Schuldner. Er setzt die Rechtsabteilung auf diese »faulen« Kunden an und erreicht innerhalb kurzer Zeit, dass dadurch 80 Prozent der Außenstände »eingetrieben« werden.

Hätte dieser Finanzchef ein 100-prozentiges Ergebnis erreichen wollen, hätte er

- seine Abteilung und sich selbst im Arbeitsaufwand maßlos überfordert;
- vermutlich für das Eintreiben von Kleinstbeträgen neue Arbeitsstellen einrichten müssen – was mehr gekostet hätte, als was schließlich an »hereingemahntem Geld« zurückgeflossen wäre.

Beispiele für die Pareto-Regel

2. Beispiel Gruppenproblem

Eine Schulklasse befindet sich im totalen Chaos. Der Lehrer kommt mit seinem Unterrichtspensum einfach nicht durch, es gibt ständig Disziplinprobleme, die ganze Klasse ist gegen ihn: 30 Schüler.

Appelle an die Klasse bringen nichts. Soll er also einzeln mit jedem Schüler sprechen und um mehr Disziplin und Kooperation bitten? Einfacher ist es, jene 20 Prozent der Schüler an der Ehre zu packen oder in die Pflicht zu nehmen, die den größten Einfluss auf die Klasse haben. Er bittet diese sechs Schüler für einen Nachmittag zu sich und spricht mit ihnen die Situation in der Klasse durch. Innerhalb eines Nachmittages kann ein Plan aufgestellt werden, wie das Klima in der

Klasse so verändert werden kann, dass zumindest zu 80 Prozent der Zeit ein erfolgreicher Unterricht möglich ist.

3. Beispiel Lebensproblem

Ein Student hat sehr große Probleme, sich auf seine Arbeit zu konzentrieren, ist entmutigt, hat Gesundheitsprobleme. Eine Analyse seiner Situation ergibt ein immer komplizierteres Bild. Zusätzlich ist er momentan in einer finanziellen Krise und muss nebenbei Geld verdienen, so dass er sich nicht voll auf den Unterricht konzentrieren kann.

- Er hat einige Semester ohne Erfolg studiert und trägt sich innerlich mit dem Gedanken, vielleicht das Studienfach zu wechseln.
- Ein bestimmter Dozent hat eine sehr negative Meinung über ihn, das entmutigt ihn.
- Er hat Gesundheitsprobleme.
- Er schläft schlecht.
- Er hat sich in der Arbeit übernommen.
- Er hat nie gelernt, ordentlich zu arbeiten.

Nicht das ganze Leben ändern

Um zu diesem Zeitpunkt aus diesem Menschen einen 100-prozentig erfolgreichen Studenten zu machen, müsste sein gesamtes Leben umgekrempelt werden. So etwas aber könnte Jahre dauern. Allein eine ausführliche Bestandsaufnahme seiner Probleme (wie sie in einer Psychoanalyse geleistet werden könnte) kann bereits Jahre in Anspruch nehmen. Das aber sind die Jahre, die dann für die Ausbildung und für den Studienabschluss fehlen würden. Was tun?

Dieser Student hat

1. Mut gehabt, sich der Erkenntnis zu stellen, dass seine eigenen Selbstorganisationsversuche beim Geldverdienen guten, beim Lernen aber bisher keinen durchschlagenden Erfolg gehabt haben. Er hat sich deshalb
2. einen Studienkollegen gesucht, der etwas Zeit hatte und etwas Geld brauchte. Mit dem hat er
3. einen richtigen kleinen Vertrag gemacht: »Du sortierst mir den Lernstoff und fragst mich ab. Das dauert pro Tag eine Stunde. Die bezahle ich dir.«

4. Als Ziel wurde vereinbart: kein Super-Examen zu machen, sondern die Note »befriedigend« anzustreben.

Der Student mit Zeitproblem hat sich also einen Manager gesucht. Ein Manager ist ein Mensch, der Aufträge erteilt und überprüft, ob sie ausgeführt werden.

Seine gute Erkenntnis war: Die Lösungen liegen – wie wir im folgenden Abschnitt sehen werden – in aller Regel nicht in jenen Punkten, an denen man selbst »herumgedoktert« hat.

Keine Perfektion anstreben

Wenn Sie sich jetzt etwas vornehmen wollen, dann nur das eine: »Ich suche für mein Zeitmanagement ganz wenige Dinge, die ich ändere. Und vergesse all meine bisherigen Versuche, in der Zeitplanung perfekt zu sein.« Das erfordert sehr viel Mut, denn Sie müssen möglicherweise Abschied nehmen von vielen ernsthaften Versuchen, Zeitprobleme »in den Griff zu kriegen«.

Das waren übrigens keine wirklich vergeblichen Versuche, denn sie haben mit Sicherheit geholfen, Ihren Willen und Ihre Fähigkeit, etwas zu ändern, zu stärken. Das ist ähnlich wie bei noch nicht erfolgreich verlaufenen Versuchen, sich das Rauchen abzugewöhnen. Man kann sie als Scheitern ansehen. Oder aber als Training. Die erste Sicht macht mutlos. Also sollten Sie sich demzufolge für die zweite entscheiden – und auch das ist schwer.

Wissen Sie, welche Zeitprobleme Sie lösen wollen?

2. Schritt

Wer seine Zeit anders als bisher nutzen will, setzt sich meist Ziele wie:

- Ich werde nie wieder zu spät kommen.
- Ich werde mich nie wieder bei Nebensächlichkeiten aufhalten.
- Ich werde mit wichtigen Arbeiten immer rechtzeitig anfangen.

Klare Zielbestimmung

Das ist ein im Prinzip richtiger Ansatz, aber er reicht nicht aus, denn dabei wird das Ziel nur sehr verwaschen bestimmt.

Denn was sind denn die »Nebensächlichkeiten«, auf die Sie weniger Zeit verwenden wollen? Durch unklare Zielbestimmung wird leider auch der Weg zum Ziel und werden auch die Mittel und Maßnahmen, die zum Erreichen des Ziels nötig sind, nur unklar beschrieben. Daraus entstehen die berühmten guten Vorsätze, die den Weg zur Hölle – zum Scheitern – pflastern.

Gute Vorsätze sind nicht alles

Beispiel: *Sie nehmen sich vor, ab jetzt im Job keine nebensächlichen Dinge mehr zu machen und dafür mehr Zeit für die Familie zu haben. Ein guter Vorsatz. Aber er wird vermutlich scheitern. Denn zu viel bleibt immer noch unklar.*

Welches Verhalten führt zum Ziel?

- Sie haben nicht festgelegt, was genau »Familie« bedeutet. Wenn die Großeltern zu Besuch sind – heißt das , dass Sie jetzt besonders viel Zeit haben wollen? Oder heißt es: »Jetzt sind die Kinder bei den Großeltern geparkt, und ich habe mehr Zeit für andere Dinge.«
- Sie haben nicht geprüft, ob Ihr Ziel mit anderen wichtigen Zielen konkurriert.
  Können und wollen Sie es sich überhaupt leisten, Aufmerksamkeit vom Job abzuziehen? Werden Sie dadurch z. B. schnell unzufrieden, weil Sie ein pflichtbewusster Mensch sind? Und jetzt sitzen sie zu Hause mit den Kindern, und statt mit ihnen zu spielen, denken Sie doch nur an die Arbeit.
- Sie haben nicht bestimmt, was »mehr Zeit« bedeutet. Dürfen Frau und Kind Sie jetzt jederzeit im Job anrufen? Auch wenn Sie in einer wichtigen Besprechung sind?
- Sie haben also auch Ihr eigenes Verhalten, das zum Ziel führt, nicht genau bestimmt.

Verhaltensänderung

Zeitmanagement bedeutet aber vor allem Selbstmanagement. Sie wollen, ja müssen Ihr Verhalten ändern, wenn Sie Ihre Zeit anders nutzen wollen.

- Zuerst einmal müssen Sie wissen, was genau Sie an Ihrem Verhalten ändern wollen.

Brechen Sie die Besprechung ab, wenn Ihre Tochter Sie anruft, weil sie für die Hausaufgaben nicht weiß, wie man einen doppelten Bruch rechnet?

- Um das Verhalten zu ändern, muss man zuallererst das eigene Verhalten beobachten und einschätzen lernen. Wo kommt »mehr Zeit für die Familie« her? Der Tag hat ja nach wie vor nur 24 Stunden. Vielleicht, indem Sie kleine, aber eingefleischte Gewohnheiten ändern. Dazu gehört etwa die halbe Stunde nach der Geschäftszeit, in der man noch zusammensitzt. Kleine Gewohnheiten zu ändern ist aber mindestens so schwer wie zum Beispiel, sich die kleine Gewohnheit, nach einer Zigarette zu greifen, abzugewöhnen.

Das eigene Verhalten beobachten

- Haben Sie sich eventuell ein zu hohes Ziel gesetzt? Vielleicht reicht es ja, wenn Sie täglich in der Mittagspause Ihre Tochter für genau eine Viertelstunde anrufen und mit ihr die Hausaufgaben durchsprechen. Das ist mehr als bisher und planbar. Darauf kann Ihre Tochter bauen. Sie tankt bei Ihnen etwas Kraft, und das reicht die nächsten Stunden, bis Sie zu Hause sind und das Mittagstelefonat wieder aufgreifen.

Zu hohe Ziele?

Aber auch diese sehr kleine Lösung für »mehr Zeit für die Familie« bedeutet eigentlich bereits, dass sie tief in Ihre Tages-, ja Lebenspläne eingreift.

Wichtig! Wenn Sie also an Ihrer Zeitplanung etwas ändern wollen, müssen Sie folgende Punkte beachten:

- Ist das Ziel klar bestimmt?
- Konkurriert das Ziel mit anderen wichtigen Zielen?
- Habe ich die Macht zum Erreichen des Ziels?
- Sind die Mittel klar beschrieben?
- Ist genau klar, welches Verhalten zum Ziel führt?
- Welches Verhalten ist zu ändern?
- Bin ich in der Lage, dieses Verhalten zu ändern?
- Habe ich mir ein zu hohes Ziel gesetzt?

Zeitmanagement reicht in Fragen der allgemeinen Lebensführung hinein, denn alles, was wir tun, tun wir ja »in der Zeit«. Und Fragen der Psychologie und Psychotherapie können hier plötzlich wichtiger werden als Terminkalender und Funkuhren, wie z. B. die Fragen: Warum vergesse ich am Abend vor dem Vorstellungstermin – dem wichtigsten Tag meines bisherigen Lebens – zu kontrollieren, ob die Batterie in meinem Wecker noch stark genug ist? Und warum habe ich ein so wundervoll erleichterndes Gefühl, wenn ich meinen Terminkalender à jour bringe, aber unüberwindbare Widerstände dagegen, in diesen überhaupt hineinzuschauen?

Lebensführung hinterfragen

Wichtig! Das sollten Sie beachten:

- Streichen Sie alle Ziele, die voraussetzen, dass Sie Ihr ganzes Leben ändern müssen, bevor Sie dieses oder jenes Ziel überhaupt erreichen, oder die beinhalten, dass Sie erst einmal ein neuer Mensch werden.
- Vergessen Sie den überoptimistischen Blick aufs Leben. Konzentrieren Sie sich auf Ziele, die möglichst klein sind und völlig klar umrissen werden können – auch und gerade auf die notwendigen Verhaltensmodifikationen. Wer langsam geht und kleine Schritte macht, kommt am schnellsten voran, weil er sich nicht verläuft.

Werden Menschen über Erfolgsaussichten oder die Möglichkeit, mit ihren Bemühungen zu scheitern, informiert, sind sie schnell bereit, ihre erfolglosen Versuche aufzugeben. Ohne diese Information setzen sie ihre Versuche oft – manchmal sogar ein Leben lang – fort. Davor soll Sie dieses Buch schützen.

Erfolglose Versuche

Überlegen Sie doch einmal, ob Ihre bisherigen Versuche, Ihre Zeit besser in den Griff zu bekommen, vielleicht daran gescheitert sind, dass die Zeit Ihre Bemühungen verschmäht hat. Das wird Ihr schlechtes Gewissen entlasten (siehe 11. Schritt, Seite 42 f.) und Sie für eine Politik der kleinen Schritte bereitmachen.

1. Tipp – Prioritäten setzen

3. Schritt

Bringen Sie zu Anfang Ihres Kampfes gegen die Zeitnot zuerst einmal Ordnung in »Ihr Chaos«.

a) Schreiben Sie sieben Dinge auf, die Sie heute erledigen wollen oder müssen.

Das Chaos ordnen

b) Schreiben Sie in der folgenden Auflistung das Wichtigste hinter die Nummer 1, das Unwichtigste hinter die Nummer 7.

1 ______________________________

2 ______________________________

3 ______________________________

4 ______________________________

5 ______________________________

6 ______________________________

7 ______________________________

c) Arbeiten Sie diese Liste von oben nach unten ab.

d) Was Sie nicht schaffen, rutscht auf den nächsten Tag. Aber wenn Sie oben anfangen, haben Sie die Sicherheit, dass nicht das Allerwichtigste auf morgen verschoben wird.

Täglich Prioritäten setzen

Wenn Sie sich an diese Prioritätenliste halten, gibt es zumeist keine großen Katastrophen mehr. Denn fast alle Zeitprobleme können Sie langfristig damit abfangen, dass Sie sich täglich Prioritäten setzen.

Ein sinnvolles Ziel dabei ist: maximal sieben Dinge pro Tag in der Arbeitszeit und sieben Dinge pro Tag in der Nichtarbeitszeit zu erledigen.

Dabei hilft ein Vorsortieren der Aufgaben nach dem folgenden Schema:

	Was müsste ich heute erledigen?	Vor wann bzw. bis wann mache ich es?
1		
2		
3		
4		
5		
6		
7		
8		
9		
10		
11		
12		
13		
14		
15		
16		
17		
18		
19		
20		

Vorsortieren der Aufgaben

Zeitüberschneidungen

Wählen Sie jetzt aus, was Sie in welcher Reihenfolge tun werden. Und achten Sie auf Zeitüberschneidungen, denn nur so vermeiden Sie Ihre eigene »Doppelbuchung«.

Sie können auf diese Weise auch prüfen, ob Ihre Zeiteinschätzung realistisch ist: Ob Sie also tatsächlich wie geplant anfangen können, und ob Sie den jeweiligen Zeitbedarf richtig angesetzt haben.
Falls dies nicht der Fall ist, schauen Sie einmal darauf, ob Sie die »Menschenzeit« (siehe 28. Schritt, Seite 116 ff.) nicht unterschätzt haben.

2. Tipp – Schaffen Sie sich Arbeitszeit »am Stück«

4. Schritt

Ab Seite 50 finden Sie ein Tagesschema zur detaillierten Kontrolle Ihrer Zeitabläufe eines Tages. Die Idee zu diesem Tagesablaufschema stammt von einem Manager, der seiner Sekretärin den Auftrag gab, ihn einen ganzen Tag lang alle Viertelstunde zu fragen, was er gerade gemacht hatte, um das dann zu notieren.
Eigentlich wollte dieser Manager diese Abfrageübung eine Woche lang durchhalten. Aber er hat bereits nach dem ersten Tag eine Entscheidung getroffen:

Sinnvolle Entscheidung: Zeit am Stück

»Ich werde ständig zwischen Dingen hin und her gerissen. Deshalb: In der Zeit von 7.30 bis 9.30 Uhr bin ich für niemanden zu erreichen, nicht für meine Familie, nicht für meinen Boss, nicht für den Papst – und für den lieben Gott nur, wenn er mich in dieser Zeit zu sich ruft.«
Vorher ist dieser Manager für gewöhnlich erst um 9 Uhr zur Arbeit gekommen. Nach seiner Entscheidung ist er freiwillig anderthalb Stunden früher zur Arbeit gegangen. Und das war für ihn in mehrfacher Hinsicht eine äußerst sinnvolle Entscheidung:

1. Er hat gemerkt, dass er in den zwei Stunden »Zeit am Stück« mehr erledigte als sonst in vier oder fünf Stunden, die sich zuvor in Miniportionen über den Tag verteilten.
2. Er war morgens frisch und konzentriert und dadurch in besserer Stimmung für alles, was der Tag bringen würde. Er hatte damit einen entscheidenden Vorteil gegenüber Kollegen gewonnen.

3. Er ist nach dem so genannten Feierabend nur noch sehr selten im Geschäft geblieben. Die anderthalb Stunden, die er der Firma morgens gegeben hat, hat er sich abends zurückgeholt (meistens ist er früher auch am Abend noch länger geblieben).

Zeit für die Familie

4. So ist er wieder für die Familie »planbar« geworden. Er hat seine Frau und seine Kinder wieder gesehen (auf das bis dahin am Morgen übliche In-Halbtrance-aneinander-Vorbeilaufen hat er gern verzichtet).

Schlagen auch Sie sich jeden Arbeitstag zwei Stunden »Arbeitszeit am Stück« frei, in der Sie für nichts und niemanden erreichbar sind und effektiv arbeiten können.

Kreuzen Sie in der nachfolgenden Tabelle an, welche Stunden für Sie in Frage kommen:

Arbeitszeitpaket

Ihr individueller Stundenplan			
05.00–06.00	❑	**13.00–14.00**	❑
06.00–07.00	❑	**14.00–15.00**	❑
07.00–08.00	❑	**15.00–16.00**	❑
08.00–09.00	❑	**16.00–17.00**	❑
09.00–10.00	❑	**17.00–18.00**	❑
10.00–11.00	❑	**18.00–19.00**	❑
11.00–12.00	❑	**19.00–20.00**	❑
12.00–13.00	❑	**20.00–21.00**	❑

5. Schritt

3. Tipp – Ein Zeitplan nach Ihren Bedürfnissen

Schon der letzte Schritt war ein kleines Egoismus-Training, das wir wirkungsvoll fortsetzen wollen. Die folgende Zeitsparmaßnahme hilft leider nur Menschen, die über ihre Zeit – zumindest teilweise – selbst verfügen können.

Wer im Job auf Kunden Rücksicht nehmen muss, hat hier leider das Nachsehen.

Wichtig! Das sollten Sie beachten:

- Richten Sie eine feste Sprechstunde ein, in der Sie zwischen 8 Uhr und 20 Uhr zu sprechen sind (in der Sie auch innerlich auf Sprechen eingestellt sind).
- Richten Sie eine zweite Sprechstunde ein, in der Sie zwischen 8 Uhr und 20 Uhr auf Menschen zugehen und das Gespräch suchen oder telefonieren (in der Sie wiederum innerlich auf Sprechen eingestellt sind).
- Richten Sie eine feste Zeit für Meetings ein (übrigens auch privat – z. B. beim täglichen gemeinsamen Essen).

Sprechstunden

Der Sinn dieser Sprechstunden liegt auf der Hand, denn mit Menschen zu reden braucht viel mehr Zeit und Konzentration als oft angenommen.

Sprechstunden	1 Stunde, in der ich zu sprechen bin	1 Stunde, in der ich auf andere zugehe	1 Stunde, für Meetings
08.00–09.00	❑	❑	❑
09.00–10.00	❑	❑	❑
10.00–11.00	❑	❑	❑
11.00–12.00	❑	❑	❑
12.00–13.00	❑	❑	❑
13.00–14.00	❑	❑	❑
14.00–15.00	❑	❑	❑
15.00–16.00	❑	❑	❑
16.00–17.00	❑	❑	❑
17.00–18.00	❑	❑	❑
18.00–19.00	❑	❑	❑
19.00–20.00	❑	❑	❑

Nehmen Sie jetzt noch die eben eingeplanten zwei Stunden »Arbeitszeit am Stück« (siehe linke Seite) hinzu, dann ist Ihr

Tag ganz schön voll. Aber dies verhindert zugleich, dass Sie sich verplanen. Denn Stunden, die Sie für konkrete Aufgaben ausblocken, stehen nicht für spontane Aufgaben oder Eingebungen zur Verfügung. Dies ist eine wirkungsvolle Prävention gegen Zeitkrisen. Und vielleicht finden Sie ja Gefallen daran, weil Sie merken, dass Sie plötzlich weniger Zeitdruck haben. Um diese Zeitsparmaßnahme mit dem nötigen Nachdruck umzusetzen, ist persönliches Durchsetzungsvermögen erforderlich.

Verplanen vermeiden

Können Sie sich persönlich durchsetzen?

Auf sich selbst Wert legen

Psychologen glauben heute, dass die allermeisten Menschen nicht zu viel, sondern immer noch zu wenig Egoismus haben, d. h. auf ihre Interessen und sich selbst nicht genügend Wert legen.

- Der amerikanische Psychologe und Unternehmensberater Dr. David Seabury sagt: Glück in der Liebe, Erfolg im Beruf, Zufriedenheit mit uns selbst und mit dem Leben hängen davon ab, dass wir uns selbst um uns kümmern und für uns selbst sorgen. Wer dem alten Leitspruch folgt: »Der brave Mann denkt an sich selbst zuletzt«, wird weder Glück noch Erfolg haben und unzufrieden werden.
- Die deutsche Psychologin Ute Erhardt gibt Seabury Recht. Erhardt hat das erfolgreichste deutsche Sachbuch der letzten Jahre geschrieben. Titel: »Gute Mädchen kommen in den Himmel, böse überallhin«. Das »gute Mädchen«, von dem sie schreibt, ist die »brave Frau«, die nicht einmal zuletzt an sich selbst denkt, sondern überhaupt nicht. Weil sie ausschließlich für Mann und Kinder da ist und – wenn berufstätig – für den Boss.

Selbstbezogenheit

Über Mangel an Egoismus bei sich selbst hat z. B. auch ein deutscher Zeitzeuge, dem wohl niemand unedle Motive unterstellen möchte, Michael Stich, geklagt: »Ich bin der bessere Tennisspieler, ich habe mehr Talent und mehr Möglichkeiten. Aber Boris hat mehr aus seinen Möglichkeiten gemacht. Mir hat das noch Egoistischere, das noch Selbstbezogenere gefehlt. Dass du wirklich sagst: Nach mir die

Sintflut. Ich will Erfolg haben um jeden Preis. Und ob die anderen auf der Strecke bleiben, ist mir egal.« Und auf der Strecke geblieben ist Stich. Boris Becker hat zwar den Deutschen Tennisbund und den Daviscup jahrelang boykottiert, während Stich angetreten ist und die Extrabelastungen auf sich genommen hat. Beim Tennisbund verantwortlich für Daviscup und Nachwuchsförderung aber wurde nicht Stich, sondern Becker.

Eigennutz als Lebenshilfe

Brauchen wir nicht weniger, sondern mehr Egoismus? Ja, sagt der Psychologe Seabury:

- Wer im Job immer nur hilfsbereit ist, wird bei der Beförderung übergangen (»zu sozial«, »Weichei«, »keine Führungspersönlichkeit«).
- Wer in der Liebe immer rücksichtsvoll ist, bleibt unzufrieden und unbefriedigt, weil der Partner gar nicht weiß, was einem gefallen könnte.

Zu sozial zu sein, schadet oft der eigenen Person

Seabury rät den Menschen, die den richtigen Egoismus noch nicht gelernt haben: »Frage dich vor jeder Entscheidung: Ist das gut für mich? Wenn ja, dann tue es. Egal, was die anderen sagen.«

Eigene Bedürfnisse beachten

Leicht und bequem ist das allerdings nicht. Seabury: »An sich selbst zu denken erfordert Mut. Denn die Menschen werden über dich reden, sie werden sagen: Du bist unmoralisch. Und das sagen vor allem die, die dich bisher ausgenützt haben.«

⚡ Blitzkurs: Wie lernt man, sozialverträglich eigennützig zu sein?

- ▶ Auf einfache Vorteile verzichten. Wer sich über jedes Bonbon und jedes freundliche Wort freut, dem braucht man keine größeren Belohnungen zu geben.
- ▶ Wissen, was man wirklich will. Nur wenige Ziele haben. Die aber konsequent verfolgen, und seine Kraft und Zeit nicht mit Nebensächlichem vergeuden.

⚡ Blitzkurs: Wie lernt man, sozialverträglich eigennützig zu sein?

- Wissen, ob das, was man will, erreichbar ist. Ich kann mir zehnmal und mehr wünschen, dass ich drei Meter groß werde. Ich werde es einfach nicht schaffen. Aber ich kann es schaffen, mir dafür eine Leiter zu kaufen.
- Darauf achten, dass andere ebenfalls profitieren, wenn man selbst Vorteile hat. Das ist das Wichtigste. Man muss nicht immer selbst der Star sein.

Teamgeist ist gefragt

Sich mit aller Gewalt durchsetzen – diese Haltung hilft allerhöchstens beim Tennis, wo es »Mann gegen Mann« geht. Aber schon beim Tennisdoppel geht es um andere Qualitäten. Und das Leben ist sowieso zumeist ein Mannschaftssport: im Beruf und in der Liebe.

Wer sich persönlich durchsetzt und dabei des Öfteren andere Menschen verletzt, wird sich irgendwann den Unmut seiner Mitmenschen zuziehen.

Ob man seine Mitmenschen nachhaltig verletzt hat, zeigt sich, wenn das zwischenmenschliche Klima geprägt ist durch: Angst, Ärger, Chaos, Eifersucht, Eitelkeit, Ekel, Furcht, Habgier, Hass, Intoleranz, Machtstreben, Neid, Rache, Selbstverleugnung, Stolz, Unterwürfigkeit, Verbitterung, Zurückziehen oder Zwang.

Negativer Egoismus

Eine Lebenshaltung, bei der die anderen Menschen zu oft verlieren, während man selbst fast ausnahmslos gewinnt, tarnt sich zumeist hinter moralischen Werten. Beispiele:

- Als Eltern den Kindern alles geben, was man als Kind nicht bekommen hat. Solche Eltern denken in erster Linie an sich – etwa der Vater, der dem Sohn einen Fußball schenkt und nicht merkt, dass der Sohn lieber Geige spielen lernen möchte.

- Sich für die Familie kaputt arbeiten. Auch das kann Egoismus sein. Dadurch entzieht man sich der Familie als Mensch.
- Sich im Bekanntenkreis ständig für andere aufopfern. Dienen ist oft Machtausübung. Beobachten Sie einmal selbst: Diese »Opfertypen« kontrollieren oft die Menschen, denen sie dienen; sagen, was richtig und was falsch ist.
- Aus Bescheidenheit nicht sagen wollen, was man sich zum Geburtstag wünscht. Dann muss der andere raten – und macht meist alles falsch.
- In der Liebe nicht sagen, was man gern hätte. Den Grund, warum Bescheidenheit eine Form von Egoismus sein kann, haben Sie gerade gelesen.
- In Gesellschaft sehr zurückhaltend und bescheiden sein. Beobachten Sie einmal selbst: Das sind oft die Menschen, die die anderen beobachten und kritisieren.
- Immer mehr zusammenraffen, ohne zu wissen, warum. Reichtum macht nicht glücklich. Umfragen zeigen, dass Milliardäre nicht glücklicher sind als Normalverdiener.

Falsche Bescheidenheit

Positiver Egoismus

Talente entwickeln, Freiräume erweitern und das Leben genießen, ohne anderen Menschen zu schaden, ist guter Egoismus. Beispiele:

- Das eigene Glück genießen. Paare, die das können, bleiben länger zusammen, sind glücklicher miteinander und helfen ihren Kindern (wer glückliche Eltern hat, lernt in der Schule besser).
- Den Mut haben, so zu sein, wie man ist. Sich nicht verstellen, nicht mehr scheinen als sein. Das beugt vielen seelischen Leiden vor. Und ebenso vielen psychosomatischen Krankheiten.
- Verantwortung übernehmen. Jedes Team braucht Leader. Oft ist das einfach jemand, der in einer entsprechenden Situation Initiative zeigt.

Genießen, ohne zu schaden

- Sich weniger um die Welt und mehr um sich selbst kümmern. »Was nützt mir das?« Diese Frage kann man richtig beantworten. Wer immer fragt: »Nützt das der Welt?«, überfordert sich. Meist ist es wichtiger, die einzelnen Bäume zu sehen, und nicht den Wald.
- Sich niemals einem Menschen völlig ausliefern. Wer 100-prozentig abhängig ist – vom Partner oder vom Boss –, wird ausgenutzt.

6. Schritt

4. Tipp – Lernen Sie »konstruktives Schlampen«

Manche Menschen glauben, sie könnten nur »unter Druck« wirklich etwas leisten. Gehören Sie auch dazu?

❑ ja oder ❑ nein?

Nur unter Druck arbeiten

Wer glaubt, nur »unter Druck« wirklich etwas leisten zu können, schiebt das, was man sowieso tun muss, auf, bis der Chef, der Rechtsanwalt der Gegenpartei oder der Freund die Geduld verliert. Und: Überraschung! Plötzlich ist man zu dem fähig, was bisher nicht gelungen ist.

Vordergründig ist das Aufschieben von Pflichten ein Zeichen für schlechtes Zeitmanagement. Dem werden auch diejenigen beipflichten, die vieles aufschieben, nur um an sich selbst zu erleben, dass selbst die besten Tipps für besseres Zeitmanagement bei ihnen nicht helfen. Was ist also die eigentliche Ursache für ständiges Aufschieben?

Warum werden gerade wichtige Aufgaben oft nur mit Ach und Krach fertig?

Aufschieben

Wer seinen Haushalt immer zu 100 Prozent perfekt haben will, müsste den ganzen Tag putzen – und irgendein Stäubchen hätte er dann immer noch übersehen, es gäb immer etwas zu putzen und keine Zeit für andere Tätigkeiten. Die Lösung des »100-Prozent-Dilemmas« kennen viele Hausfrauen und Hausmänner. Sie heißt: Jeden Tag die Wohnung diagonal durchräumen und nur ab und zu gründlicher durchputzen. So wird das größte Chaos vermieden.

Wer seine Ansprüche herunterschraubt, leistet mehr

Zu hohe Ansprüche, der 100-Prozent-Wahn, sind vermutlich die Hauptquelle aller Probleme mit Zeit, Arbeit und Selbstmanagement. Zu hohe Erwartung

- **Beispiel: Yo-Yo-Diät.** Man überfordert sich mit einer Diät, nimmt viel ab – und schnell wieder zu. Besser als solche Crash-Programme helfen wenige, richtige Schritte – z. B.: auf einen wichtigen Dickmacher verzichten, das aber regelmäßig. Etwa: Junkfood reduzieren und durch Vollwertnahrung ersetzen.
- **Beispiel: Blinder Eifer bei körperlicher Arbeit.** Der englische Betriebspsychologe Professor N. H. Mackworth hat bereits im Ersten Weltkrieg den Sinn von blindem Eifer untersucht. England fürchtete eine Landung deutscher Truppen an seiner Küste. Arbeiter schippten Sand für Verteidigungswälle, etwa acht Stunden am Tag. Ihnen zu Hilfe kamen Kriegsfreiwillige – hoch motivierte, kräftige Studenten. Sie schippten ohne große Unterbrechungen bis zu 16 Stunden. Und entwickelten Klassenhass gegen die faulen Arbeiter. Die Leistung beider Gruppen konnte in Kubikmetern gemessen werden. Und sehr zum Ärger der hurrapatriotischen Studenten leisteten die Arbeiter in ihrem Acht-Stunden-Tag mehr als die Studenten in ihrem 16-Stunden-Tag. Blinder Eifer

  Mackworth konnte den Studenten wissenschaftlich begründet mitteilen, wie sie ihre Leistung erhöhen würden: dadurch, dass sie weniger täten. Wer ständig an einer Arbeit hängt, nie entspannt, der leistet weniger, als er leisten könnte. Keine Entspannung

Warum schieben wir so oft wichtige Arbeit auf?

Die Erklärung dafür liegt in zwei Faktoren. Den ersten haben wir genannt: zu hohe Erwartung an den eigenen Erfolg, 100-Prozent-Perfektionismus.

Da liegt das wirkliche Problem der »Aufschieber«. Sie erwarten zu viel von sich. Sie wollen zu hoch hinaus. Und dann bekommen sie gleichsam Höhenangst.
Deshalb zögern sie vor dem ersten Schritt, vor dem Anfangen, zurück, oder sie machen einen Schritt und kehren dann wieder um.
Und hier liegt der zweite, der tiefere Grund für das Aufschieben, spätes Anfangen, für Ideenmangel oder Motivationsprobleme.

Anforderungen an sich selbst gerecht werden

Er lautet: Hohe Forderungen an sich selbst stellen, aber keine Sicherheit haben, diesen Forderungen auch gerecht werden zu können.
Für Aufschieber, Unkonzentrierte etc. aber sind die Erfolgserwartungen ständig zu groß. Das macht ihnen natürlich immer wieder Probleme.
Aber niemand hat Probleme, ohne auch einen »sekundären Gewinn« davon zu haben. Er liegt darin, dass die Latte so hoch liegt, dass man bequem drunter durchkommt, das heißt, dass man sich vor allem selbst keinen Vorwurf machen muss, wenn man wieder einmal den von sich selbst ständig geforderten Beweis eigener Außergewöhnlichkeit nicht erbracht hat.
Was eigentlich das Selbstwertgefühl ankratzen müsste, das schiebt man dann einfach auf ein kleines Zeitproblem. Was man abliefert, ist ja leider unter Zeitdruck zustande gekommen. »Wenn ich nur eine Stunde mehr Zeit gehabt hätte!« Oder auch einen Tag, eine Woche, ein Semester …

Motivationsproblem

Es geht hier aber nicht um ein Zeitproblem, sondern um ein Motivationsproblem. Wer unkonzentriert ist, wer aufschiebt etc., ist nicht etwa un-motiviert – obwohl er dem Betrachter oft das Bild der Faulheit liefert –, sondern über-motiviert und deshalb körperlich auch über-aktiviert.
Trotz des Eindrucks von Faulheit und Lethargie steht der überaktivierte Mensch stark unter Strom. Er verhält sich wie unter Stress – und das wiederum mit allen negativen Folgen, die Angst und Stress für geistige Leistungen haben (siehe 9. Schritt, Seite 33 ff.).

⚡ **Blitztest: Sind Sie ein Aufschieber?**	
Sie beginnen den Tag in der festen Absicht, heute jene große Arbeit zu erledigen, die nun schon so lange auf Ihre Talente wartet.	❑
Zum Zeitpunkt, den Sie sich vorgenommen haben, setzen Sie sich an den Schreibtisch,	❑
merken aber, dass Sie noch nicht ganz in Form sind.	❑
Sie holen sich eine Tasse Kaffee … und dann noch eine.	❑
Dann fällt Ihnen ein, dass Sie schnell noch bei der Bank anrufen müssen, weil Sie Ihr Konto überzogen haben.	❑
Dann war da die Konferenz, die Sie ja eigentlich ausfallen lassen wollten …	❑
Es wird Mittag. Eigentlich hatten Sie durcharbeiten wollen, aber eine kleine Stärkung schadet auch nichts, und nach der Mittagspause gehen Sie dann mit neuer Kraft an die Sache heran. Einen Kaffee vielleicht noch trinken, das belebt … Und Sie wissen, wie es weitergeht.	❑

Das Ego schützen

Wer aufschiebt, schützt sein Ego. »Niemand darf am Wert meiner Ideen oder meiner Person oder meiner Fähigkeiten zweifeln – nur weil ich unter meinen Ansprüchen geblieben bin. Schuld allein war nämlich Zeitmangel.« Diesen Mechanismus gilt es zu durchschauen, wenn das Problem des Aufschiebens gelöst werden soll.
Erkennen Sie sich wieder? Dann denken Sie daran: Eine Arbeit läuft Ihnen nicht fort, nur weil Sie vor ihr davonlaufen. »Jeder muss arbeiten. Tust du's nicht, zwingen sie dich eines Tages«, hat Victor Hugo einmal gesagt.
Verschlimmert wird die Sache noch dadurch, dass man nicht etwa nur sich selbst etwas beweisen wollte, sondern auch anderen Menschen. Abgemildert wird sie durch »konstruktives Schlampen« (siehe 14.–18. Schritt, Seite 65–88).

Perfektionismus: der fein säuberlich geordnete Kampf eines Menschen gegen sich selbst

Vergessen Sie Ihren Perfektionismus. Perfektionismus ist etwas ganz anderes als Pedanterie. Pedanterie ist das ordentliche Erledigen von Dingen, um höchsten Ansprüchen von Ordnung gerecht zu werden. Perfektionismus hingegen ist das ordentliche Erledigen von Dingen, um höchsten Ansprüchen der Selbstverwirklichung gerecht zu werden und so u. a. besser dazustehen als andere Menschen.

Kampf gegen sich selbst

Im Perfektionismus zeigt sich deshalb immer auch Kampfgeist und Konkurrenzdenken. Wer Leistungen immer zur Perfektion führen will – privat, in der Schule, der Universität, im Sport oder im Arbeitsleben –, für den steht diese Leistung eben auch in Konkurrenz zu den Leistungen anderer. Und dann zeigen sich die negativen Aspekte des Perfektionismus: Kampf und Krampf.

7. Schritt

Machen Sie einen Aufschiebeplan

Gehen Sie eine Ihrer Tages-Prioritätenlisten (siehe Seite 17 f.) noch einmal durch, und kreuzen Sie hinter jedem Punkt, den Sie erledigen wollen an:

1	______________________	❑ wichtig	❑ dringlich
2	______________________	❑ wichtig	❑ dringlich
3	______________________	❑ wichtig	❑ dringlich
4	______________________	❑ wichtig	❑ dringlich
5	______________________	❑ wichtig	❑ dringlich
6	______________________	❑ wichtig	❑ dringlich
7	______________________	❑ wichtig	❑ dringlich

Ziel einer jeden guten Zeitplanung ist, nicht im Tagesgeschäft unterzugehen, sondern die wirklich bedeutenden

Dinge zu erledigen. Dazu gehört, dass zwei bewusste Entscheidungen getroffen werden:

Aufgaben ruhen lassen

1. Welche Aufgaben kann ich – egal, wie wichtig sie erscheinen – ruhen lassen? Nicht ruhen lassen dürfen Sie, was zugleich ✘ wichtig und ✘ dringlich ist.
2. Bei der Erledigung dieser Aufgaben werden Sie oft feststellen, dass Ihnen die Zeit knapp wird. Und Sie müssen die schwere Entscheidung treffen: Ich werde hier »konstruktiv schlampen«. Ich strebe hier nicht die Note »sehr gut«, sondern nur »befriedigend« oder »ausreichend« an.

Das erfordert menschliche Größe, denn nicht angepackte und nicht erledigte Aufgaben »rumoren« in uns – und zwar so lange, bis sie entweder erledigt oder perfekt verdrängt sind.
Erledigen kann momentan die Lösung nicht sein, denn die betreffende Aufgabe hat eine zu niedrige Priorität, um spontan in Angriff genommen zu werden.
Die Aufgabe zu verdrängen kann unheilsam sein, weil sie zwar aufgeschoben, aber nicht aufgehoben ist. Setzen Sie neue Prioritäten! Schmeißen Sie aus Ihrer Agenda heraus, was Sie sowieso nicht schaffen, was aber zusätzlich noch Ihre Kräfte und Energien blockiert.
Und – nicht vergessen: Setzen Sie die Prioritäten auch im »menschlichen Bereich«, denn wenn wir nicht fröhlich sind, arbeiten wir auch nicht fröhlich.

Muddling through

»Konstruktiv schlampen« heißt in den Management-Wissenschaften manchmal »muddling through«, also: sich durchmuddeln, sich durchwursteln. Das Talent dazu ist immens wichtig. Wir sind nicht perfekt, niemand ist perfekt und auch das Arbeitsleben ist nicht perfekt durchorganisiert. Selbst bei bester Zeitplanung muss man improvisieren.

8. Schritt

Wer zu selbstkritisch ist, wird nur zweiter Sieger

Das Thema »Erfolg« ist elementar mit einem guten Zeitmanagement und vor allem der psychischen Ausgangslage des Einzelnen verbunden. Man sagt, wenn man von Erfolg oder

Misserfolg spricht, oft: Es geht um die Wurst. Wer Erfolg sucht in der Zeit, die ihm zur Verfügung steht, muss sich allerdings oft »durchwursteln« und braucht deshalb eine gewisse »Wurstigkeit«. Nicht alles darf einem »Wurst sein«, aber vieles.

Sich durchwursteln

Der zweite Sieger ist der erste Verlierer

Der amerikanische Psychologe David Burns hat eine Gruppe ehemaliger »Nummer-eins-Schüler« behandelt, die auf der Universität nicht mehr ihren »perfekten Platz« in der ihnen gewohnten Rangordnung eingenommen hatten; die also nur noch zweite Sieger waren – maximal. Bei diesen Studenten stellten sich Angst und depressive Zustände ein. Trotz immer noch guter Leistungen waren sie oft sogar entschlossen, das Studium abzubrechen.

Ganz anders die weniger begabten Studenten, die bereits auf eine Lebenserfahrung im Sichdurchwursteln, im Sichdurchlavieren zurückgreifen konnten. Gedanken ans Aufgeben waren ihnen fremd. Sie wussten von sich selbst, dass sie nach bisheriger Erfahrung mit persönlichem Geschick immer die Mittel finden würden, durchzukommen.

Ein Beweis dafür, dass »Wurstigkeit« Leistungen steigert, kommt auch aus dem Leistungssport.

Amerikanische Psychologen haben einmal die Einstellung von zwei Gruppen von Sportlern miteinander verglichen. Die eine Gruppe hatte die Olympiaqualifikation geschafft, die andere nicht.

Erste und zweite Sieger unterschieden sich vor allem darin, wie sie persönliche Misserfolge verarbeiteten. Die ersten Sieger stecken jene leichter weg und sind dadurch »mental« bereit für einen neuen positiven Anfang.

Die größeren Perfektionisten, die ihr Leistungsziel vermutlich aber genau dadurch nicht erreicht haben, grämten sich viel stärker über vorausgegangene Misserfolge und konnten sie weder verarbeiten noch verdrängen. Für sie bestand ihr Leben nicht nur in der Gegenwart, nicht nur in den bei Ausscheidungskämpfen um einen Platz im Olympia-Team erforderlichen Leistungen, sondern sie waren in ihrer geistig-seelischen

Misserfolge verarbeiten

Struktur mit Ängsten in der Vergangenheit und mit sehr hohen Erwartungen in der Zukunft verankert. Sie lebten und leisteten eben nicht, wie es nötig gewesen wäre, im »Hier und Jetzt«, sondern waren beschwert durch Vergangenheitsängste und Zukunftshoffnungen.

9. Schritt

Ist jetzt Ihre Zeit, über Zeit nachzudenken?

ϟ **Blitztest: Wann ist Ihnen das letzte Mal richtig klar geworden, dass Sie Zeitprobleme haben?**		
Als Sie zufrieden waren über eine erfolgreich abgeschlossene Arbeit?	❑ ja	❑ nein
Oder mitten im Stress, als die Dinge überhaupt nicht von der Hand gehen wollten und Sie Angst hatten, ob sie »es« überhaupt schaffen?	❑ ja	❑ nein
Sind Ihnen in dieser Situation dann spontan ein paar gute Ideen für ein besseres Zeitmanagement gekommen?	❑ ja	❑ nein

Zeit für die Zeit haben

Zweimal »ja« bei den letzten beiden Fragen bedeutet: Wenn Sie auch jetzt im Zeitstress sind, dann ist nicht die richtige Zeit, über Zeitmanagement nachzudenken. Zeitprobleme werden uns nämlich leider meist zur Unzeit bewusst. Und das ist sehr unpraktisch, denn wenn wir in Zeitnot geraten sind, brauchen wir jede Minute, um da wieder herauszukommen. Und jede Minute, die wir darauf verwenden, über die Zeit »als solche« und ihr Management nachzudenken, fehlt uns nicht nur, sondern führt uns auf einen Weg der Illusionen:

Unzeit

- Wir machen dann überoptimistische Pläne, weil wir uns in eine bessere Zukunft hineindenken.
- Unsere Erkenntnis der Gegenwart ist getrübt durch Angst, Stress und Sorge.

- Was uns unter Zeitdruck über Zeit einfällt, dient nicht der klaren Erkenntnis, sondern dient vor allem dazu, seelischen Druck zu mindern.

Angst und Stress sind Todfeinde von Erkenntnis, Leistung, Intelligenz und Kreativität

Angst und Stress machen den Körper stark und gleichzeitig aber den Verstand schwach.

Psychologische Aspekte

Sie kennen die Geschichte, die vielleicht nie wirklich passiert ist, die aber mehr über die geist- und nervtötende Wirkung von Angst und Stress aussagt als lange psychologische Erklärungen:

> In einem Kino sind 20 Menschen verbrannt. Diese Menschen hatten versucht, das Kino zu verlassen, als sie das Feuer bemerkten. Sie liefen natürlich in Panik zum Ausgang, aber sie konnten die Tür nicht öffnen. Sie drückten mit aller Gewalt gegen die Tür – nichts half. Die Tür ließ sich einfach nicht öffnen. Was diese Menschen in ihrer Panik und in ihrer Angst nicht gemerkt hatten: Die Tür ging nach innen auf.

Diese Wirkung von Stress, wie aber auch von Angst, Panik, Druck und Leistungsangst kann negativ sein: Unser Körper wird aktiviert, und unser Geist verengt sich – zumeist auf eine einzige, als richtig empfundene Lösung eines Problems, wobei unsere Erfahrung eine große Rolle spielt.

Jeder weiß: Die Türen von Kinos und anderen öffentlichen Räumen gehen »eigentlich« nach außen auf. Deshalb ist es aus Erfahrung gut, sie auch in diese Richtung zu öffnen – und wenn sie sich nicht öffnen lassen, dann muss man eben Kraft anwenden.

Schleichende Gifte: Angst und Stress

Manchmal aber gehen Türen auch nach innen auf – und diesen ganz einfachen Denkschritt schaffen wir unter Angst und Stress nicht.

Das Schlimme an der Situation ist, dass Angst und Stress ein gefährlich schleichendes Gift sind. Wir merken es in aller Regel nicht, wenn beide bereits in uns wirken und uns die Zeit stehlen.

Wie weit verbreitet sind Angst und Stress?

In einer Untersuchung von Professor Winfried Panse, Fachhochschule Köln, an 1.200 Arbeitnehmern aller Hierarchie-Ebenen zeigt sich z. B.:

92,8 Prozent haben Angst um ihren Arbeitsplatz.

83,9 Prozent wünschen sich ihren Vorgesetzten hilfsbereiter, ehrlicher und offener.

63,7 Prozent fühlen sich überfordert.

45,6 Prozent befürchten Schwierigkeiten am Arbeitsplatz durch Gesundheitsprobleme.

Angst ist weit verbreitet

39,4 Prozent befürchten, dass ein Kollege ihren Arbeitsplatz bedroht.

38,9 Prozent haben Angst vor Problemen im Betrieb auf Grund ihres Alters.

Ganze 92,8 Prozent der Menschen haben Angst um ihren Arbeitsplatz. Längst nicht allen ist das wirklich bewusst. Denn Angst ist ein schleichendes Gift.

⚡ Blitztest: Hat sich bei Ihnen schon Stress breit gemacht?

Er zeigt sich uns meist nur indirekt – etwa an den folgenden Zeichen:

Ich bin erregbar.	❑ ja	❑ nein
Wenn ich irgendwo in einer Schlange warten muss, werde ich schnell nervös.	❑ ja	❑ nein
Ich bin oft rot im Gesicht.	❑ ja	❑ nein
Wenn mir mal der Kragen platzt, werde ich beleidigend.	❑ ja	❑ nein
Es ärgert mich, wenn Menschen mich kritisieren.	❑ ja	❑ nein
Im Auto brauche ich die Hupe und die Lichthupe, um Zorn abzulassen.	❑ ja	❑ nein
Meine Freizeit ist voll gepackt mit Aktivitäten.	❑ ja	❑ nein
Zu Terminen komme ich oft »auf den letzten Drücker« oder zu spät.	❑ ja	❑ nein

Stress-situationen

Anzeichen von Stress

⚡ **Blitztest: Hat sich bei Ihnen schon Stress breit gemacht?**		
Ich kann nicht gut zuhören, ich unterbreche Menschen und setze manchmal sogar ihre Sätze fort.	❑ ja	❑ nein
Ich leide häufig an Appetitlosigkeit oder Völlegefühl.	❑ ja	❑ nein
Ich bin wiederholt unruhig, ohne zu wissen, wovon.	❑ ja	❑ nein
Mir wird oft schwindelig.	❑ ja	❑ nein
Ich bin immer wieder müde, komme innerlich aber nicht zur Ruhe.	❑ ja	❑ nein
Auch wenn ich sieben oder mehr Stunden geschlafen habe, bin ich morgens des Öfteren wie gerädert.	❑ ja	❑ nein
Ich sorge mich vielfach, ob vielleicht mit meinem Herzen etwas nicht in Ordnung ist.	❑ ja	❑ nein
Ich habe alle naslang Rücken- oder Nackenschmerzen.	❑ ja	❑ nein
Wenn ich nervös bin, trommele ich mit den Fingern, wippe im Sitzen mit den Beinen oder wackle mit den Füßen hin und her.	❑ ja	❑ nein
Ich suche bei dem, was ich tue, Lob und Anerkennung von anderen Menschen.	❑ ja	❑ nein
Ich halte mich für besser als die Menschen um mich herum, aber das will keiner erkennen.	❑ ja	❑ nein
Mein Gewicht schwankt.	❑ ja	❑ nein

Mehr als zehnmal »ja« bedeutet:
Sie sollten dringend über die Zeit nachdenken – in der nächsten ruhigen Minute. Aber bitte nicht jetzt, denn jetzt sind Sie zu sehr im Stress.
Wenn Sie sich jedoch in einer aktuellen Planungsnotlage befinden, brauchen Sie sofort einige schnell wirkende Tipps, um sich nicht im Stress zu verlieren.

Wehren Sie den Stress ab

Stress macht nervös, d. h. unruhig werden, überaktiv sein, ganz viel und am liebsten alles auf einmal anpacken wollen. Tun Sie es nicht! Wehren Sie sich dagegen!

Stress ist eine Reaktion unseres Organismus, die uns zu Flucht, Kampf oder Krampf führt. Hoher Stress führt zu fast vollständiger Lähmung der geistigen Kräfte. Zwingen Sie sich daher immer wieder zu kurzen Pausen: ein oder zwei Minuten – mehr muss es gar nicht sein. Atmen Sie einmal durch, strecken Sie den Körper, räkeln Sie sich, wie eine Katze nach dem Schlaf. Spüren Sie, wie sich beim Atmen der Brustkorb und der Bauch (Zwerchfellatmung) mit Luft füllen. Richten Sie den Kopf auf, lassen Sie die Schultern fallen, schließen Sie die Augen, richten Sie sie nach oben, und versuchen Sie, einen Sommerhimmel mit weißen Wolken zu sehen. Nutzen Sie dabei die folgende Visualisierungstechnik:

Sich gegen den Stress wehren

Stellen Sie sich vor (und sagen Sie es sich vor):

- Ich sitze auf einer Wolke oben irgendwo am Himmel.
- Ich schaue auf mich herunter.
- Ich sehe, wie ich mich mühe und abplage.
- Ich will mir helfen.
- Ich sage von meiner Wolke herab zu mir: »Was tust du gerade im Moment?«
- Ich frage: »Ist das, was du im Moment tust, das Richtige?«
- Ich bleibe einen Moment still sitzen.
- In mir kommt eine Antwort hoch.
- Ich verwerfe alle »revolutionären« Gedanken, die mich alles umschmeißen lassen wollen, und warte in innerer Ruhe darauf, dass in mir das Wissen entsteht, was als Nächstes zu tun ist.
- Angst habe ich vor meiner Selbstkritik. Die anderen Menschen ahnen überhaupt nicht, wie sehr ich mir vornehme, alles richtig zu machen. Und wie groß meine Enttäuschung ist, wenn ich es nicht schaffe.

Visualisierungstechnik

Diese Übung ist ein guter Stressunterbrecher. Und wenn Sie sie gemacht haben: Seien Sie sich selbst danach ein guter Betreuer. Glauben Sie sich nicht, wenn Zweifel und Selbstkritik hochkommen. Ein berühmter Sporttrainer hat einmal gesagt: »Ich glaube fest daran, dass alle Menschen besser sind, als sie selbst meinen. Meine Aufgabe als Trainer besteht im Grunde genommen nur darin, einen Menschen davon zu überzeugen, dass er besser ist, als er glaubt.« Und Mark Twain meinte: »In meinem Leben habe ich unvorstellbar viele Katastrophen erlitten. Die meisten davon sind nie eingetreten.«

Stressunterbrecher

10. Schritt

Fünf berühmte Gründe, vor der Arbeit zu fliehen

Die Lektüre eines Buches kann sowohl hilfreich als auch eine Form von Flucht sein, eine Methode, sich um die eigentlichen Pflichten zu drücken – speziell, wenn das Buch von dem Thema handelt, das einen beschäftigen sollte, das man aber nicht angehen mag.

Fliehen Sie vor Ihrer Arbeit?	❑ ja	❑ nein

Im Wesentlichen gibt es fünf Gründe, um der Arbeit zu entfliehen, ohne es selbst wirklich zu merken:

1. Über die Arbeit nachdenken

Typisches Beispiel: Gerade, wenn die Arbeit nicht gut von der Hand geht und man unter Druck steht, kommen einem oft Gedanken über den Sinn der Arbeit.

Die Arbeit thematisieren

Gegenmittel: Nehmen Sie sich fest vor (machen Sie dafür einen Termin in Ihrem Terminkalender!), über den Sinn der Arbeit und Ihr gesamtes Tun nachzudenken – und zwar, wenn Sie das gegenwärtige Projekt, das Sie unter Zeitdruck gebracht hat, abgeschlossen haben.

2. Ganz schnell etwas Kleines, aber Wichtiges erledigen

Typisches Beispiel: Gerade wollen Sie anfangen, den überfälligen Bericht zu schreiben. Innerlich sind Sie darauf eingestellt, jetzt wirklich bis in die Nachtstunden »am Stück« zu

arbeiten. Da fällt Ihnen ein, dass Sie schnell noch einen Behördenbrief schreiben sollten.
Gegenmittel: Nehmen Sie es mit Humor, schreiben Sie alle anderen wichtigen Dinge auf einen Zettel, und erledigen Sie sie zu einer bestimmten Arbeitszeit, die Sie jetzt im Moment definitiv festlegen.

3. Gefühlsschwankungen

Typisches Beispiel: Sie wollen arbeiten – aber plötzlich kommen Ihnen intensive persönliche Erlebnisse oder Probleme in den Sinn, denen Sie sich nicht entziehen können. Der Grund dafür: Intensive Arbeit ist ein intensiver Reiz für Ihr »Nervenkostüm«. Alle möglichen Gefühle können dabei aktiviert werden.

Gefühle

Gegenmittel: Machen Sie wieder einen verbindlichen Termin mit sich selbst. Damit Sie dann über das, was Ihnen »sonst noch« einfällt, nachdenken.

4. Ideen für ein besseres Leben

Typisches Beispiel: Mitten in der Arbeit machen Sie sich Gedanken über Urlaub, bessere Arbeitsorganisation, bessere Planung und sonstige Vorsätze.

Gedanken schweifen

Gegenmittel: Erneut – Ideen aufschreiben und den Zettel an einen für Ideen vorgesehenen Platz legen. Wenn Sie solch einen Platz für Ideenzettel haben, werden Sie übrigens sehr rasch feststellen, dass diese vermeintlich neue Idee im Zweifelsfall bereits auf einem Zettel steht, der schon auf dem Ideenstapel liegt.

5. Grandiose Ideen zu Ihrem Arbeitsprojekt

Typisches Beispiel: Ein kleines Problem taucht bei der Arbeit auf. Just dann fällt Ihnen ein, dass Sie die ganze bisherige Arbeit umschmeißen müssten, da sie falsch angelegt worden ist, etc. Solche Anfälle von Kreativität können durchaus sinnvoll sein. Kreativität bedeutet aber auch immer: harte Arbeit mit sehr ungewissem Ausgang. Haben Sie wirklich jetzt die Zeit dafür?

Gegenmittel: Erneut einen Zettel nehmen und alle wichtigen Gedanken aufschreiben. Sie legen den Zettel weg und kommen darauf zurück, wenn Sie wieder »mehr Luft« haben.

11. Schritt

Auch unser Geist ist oft ein schlechter Ratgeber

Obwohl die Zeit drängt, verleitet Zeitnot die Menschen oft zu negativen Gedanken, die sie am produktiven Arbeiten hindern. So können störende und negative Gedanken wirkungsvoll gestoppt werden:

Praktizieren Sie einen Gedankenstopp

Negative Gedanken

Vorübung: Denken Sie einmal an etwas Schönes zu essen – ein frisches Brötchen, noch ganz warm, eben vom Bäcker geholt – einfach mit Butter drauf, vielleicht etwas Salz, dazu frisch gepressten Orangensaft. Oder etwas Süßes? Eis mit heißen Himbeeren?

Läuft Ihnen jetzt das Wasser im Mund zusammen? Ja? Dann stehen Sie auf, schlagen Sie mit der Handfläche gegen die Wand, und rufen Sie laut S T O P P!

Hat der Trick funktioniert? Kein Wasser mehr im Mund, keine Lust mehr auf Kummernahrung zur Anhäufung von etwas mehr Kummerspeck?

Wenn Sie das laute Brüllen des Wortes STOPP vielleicht 20-mal gemacht haben (richtig brüllen), reicht es, wenn Sie es nur noch einmal jeden Morgen einüben.

Für den Rest des Tages reichen dann im Schnitt leise Selbsthinweise, reicht sogar der Blick auf das Wort »STOPP«, das Sie sich groß auf einen Zettel schreiben und an einem zentralen Punkt in Ihr Blickfeld am Schreibtisch hängen können.

Gedankenstopp

Manche Menschen tragen ein Gummiband am Handgelenk. Wann immer sich die Gebetsmühle im Kopf zu drehen beginnt, schnipsen sie sich mit dem Band, und ihr »Geist« weiß, wo es jetzt langgeht: nämlich raus aus den automatischen Gedankenabläufen.

Weitere »Tricks« für Gedankenstopps:

▶ **Ablenken**

Ein Gedankenstopp verscheucht ungewollte und störende Gedanken. Damit sie nicht wiederkommen, hilft es, den Verstand abzulenken – am Besten mit einem kleinen Schauspielertrick. Im Film und auf der Bühne muss ein Schauspieler manchmal schnell von einem Gefühlszustand in einen anderen wechseln, von Liebe zu Hass, von Zorn zu Hingabe. Das geht leichter, wenn sie oder er sich ein paar Sekunden auf eine neutrale, emotionslose Sache konzentriert: einen Stein, eine Murmel oder was man sonst ständig in der Tasche tragen kann. Ansehen, anfassen – wie ein kleines Kind solch ein Objekt bestaunt –, ja, man kann es sogar in den Mund stecken und schmecken. Wenn alle Sinnesorgane sich auf dieses Objekt konzentrieren, werden unerwünschte Gedanken aus einer anderen Emotionslage effektiv daran gehindert, zurückzukommen.

Den Verstand ablenken

▶ **Negative Gedanken aufschreiben**

Wenn Ablenkung nicht ausreicht, können Sie die Gedanken, die wie eine »Hintergrundmusik« ständig im Kopf herumgeistern, direkt ins Bewusstsein holen: sie laut sagen, und die Bilder, die ängstigen oder mutlos machen, im Kopf bewusst anschauen.

Aufschreiben

Es erfordert etwas Mut, negative Gedanken gleichsam durch die Vordertür zu sich einzuladen – aber durch die Hintertür kämen sie ja sowieso herein. Der einfachste Weg: Was im Kopf kreist, aufschreiben. Wirkung? Die Gedanken »fühlen sich dann ernst genommen«. Sie »wissen«, dass sie sich nicht mehr ständig zu melden brauchen, weil von ihnen ja »Notiz« genommen worden ist.

▶ **Sie können sogar einen Termin mit Ihren negativen Gedanken verabreden**

»Heute Abend denke ich eine Stunde über dieses Problem nach.« Sie können sich jeden Tag solch eine Stunde reservieren – vielleicht mit einer Freundin oder einem Freund, denen man negative Gedanken erzählen kann, und sich dann im Austausch deren schwarze Lebenseinsichten und Gedanken anhören.

Misstrauen Sie Ihren Selbstgesprächen und Ihrem Verstand

Wie schädlich die negativen Selbstgespräche auf uns wirken, hat u. a. der amerikanische Verhaltenstherapeut Prof. Aron T. Beck beschrieben – einer der führenden Depressionsforscher unserer Zeit.

Unergiebige Selbstgespräche

Prof. Beck hat entdeckt, dass Menschen in einem depressiven Zustand (den wir alle kennen) auf eine bestimmte Art der Wahrnehmung »einschwingen«, die durch drei Punkte gekennzeichnet ist:

1. eine negative Interpretation der eigenen Lebenserfahrung (der eigenen Vergangenheit also)
2. eine negative Einschätzung der Zukunft
3. ein negatives Selbstbild

Sicher ist, dass dieser geistige Zustand uns schlichtweg Zeit raubt und Sie nicht einfach dadurch wieder locker werden, indem Sie sich zusammenreißen.

Eher werden Sie noch kostbare Arbeitszeit damit vergeuden, dass Sie sich in die negative Sicht Ihrer Person und Ihrer Arbeit immer weiter und in immer engeren geistigen Windungen versteigen.

Das wiederum führt zu unproduktiven Arbeitsergebnissen und damit zu Zeitvergeudung.

Psychologische Beratung

Aus diesem Zustand kann man sich manchmal auch durch ein »Wird-schon-schief-gehen-Denken« herausziehen (siehe 6. Schritt, Seite 26 f.). Wenn Ihnen dies nicht gut gelingt, sollten Sie psychologische Beratung suchen – am ehesten kann Ihnen in diesem Fall eine Kognitive Verhaltenstherapie helfen, Ihren Blick auf sich selbst, auf Ihre Situation, Ihre Arbeit und Ihre Mitmenschen von negativen Gedanken und »Denkfehlern« zu reinigen.

Besonders intensiv wird dabei der Blick auf die Selbstgespräche gerichtet, die jeder Mensch führt.

Diese Kommunikation mit sich selbst wird auf Tendenzen zur Selbstzerstörung hin abgeklopft – entsprechend jenen drei Negativa (negativer Blick auf sich selbst, zurück und nach vorn), die Prof. Beck skizziert hat.

Die fünf typischen »Denkfehler« in depressiven Situationen:

1. **Viel zu vieles wird auf die eigene Person bezogen**
   Der unfreundliche Gesichtsausdruck eines Gegenübers wird »klar« erkannt als »Dieser Mensch mag mich nicht«. Dass »dieser Mensch« sich vielleicht selbst nicht mag und dass sich das in seinem Gesicht abzeichnet – darauf kommt man im depressiven Zustand nur schwer oder gar nicht.

Depression

2. **Schwarzweißdenken**
   Ein Mensch, eine Sache, eine Situation, eine Arbeit ist entweder gut oder schlecht. Zwischentöne – und aus ihnen besteht die »Musik«, die eine fröhliche Zukunft ankündigt, wenn man sich ihr hingibt – sind selten oder überhaupt nicht existent.

3. **Überbewertung von Teilaspekten**
   Eine einfache, rein zufällige Körperbewegung eines Gegenübers kann als körperliche Bedrohung oder eine kleine Arbeitshürde als bewusst gestellte Falle angesehen werden. Hierauf fixieren sich alles Denken und Empfinden.

Teilaspekte und Verallgemeinerungen

4. **Überstarke Verallgemeinerungen**
   Die Hürde in der Arbeit, die man als Falle ansieht, kann zu der Einschätzung führen: Der Mensch, der mir diese Aufgabe gestellt hat – im Zweifelsfall der Boss –, hat etwas gegen mich; er mag mich nicht. Er will mich reinlegen. Und auch, wenn man diese negative Eingebung irgendwann als falsch erkennt, hat man doch sehr viel Zeit darauf verwendet.

5. **Übertreibungen**
   Äußert sich der Boss tatsächlich einmal aggressiv, so wird dies ebenfalls als das Alleinbestimmende im Verhältnis zu ihm gesehen.

Misstrauen Sie auch Ihrem Denken

Unser »geistig-seelischer Apparat« strebt nach Sinnhaftigkeit und nach dem Erkennen von Ordnungen und von Regelmäßigkeiten.

Statt den Zustand des Nichtwissens jedoch einfach eine Weile auszuhalten, füllen wir alle Wissenslücken lieber mit Pseudowissen. In diesem Zusammenhang formulierte der Philosoph Arthur Schopenhauer einmal:

> »Eine Hypothese führt in dem Kopfe, in welchem sie einmal Platz gewonnen hat, oder gar geboren ist, ein Leben, welches insofern dem eines Organismus gleicht, als sie von der Außenwelt nur das ihr Gedeihliche und Homogene aufnimmt, hingegen das ihr Heterogene und Verderbliche entweder gar nicht an sich kommen lässt, oder, wenn es unvermeidlich zugeführt wird, es ganz unversehrt wieder excerniert.«

Trauen Sie Ihren Sinnen manchmal mehr als Ihrem Verstand!

Die amerikanische Kreativitätsforscherin Prof. Ellen Langer hat einen geistig-seelischen Zustand beschrieben, der aus der Zen-Philosophie bekannt ist und der so viel wie »Achtsamkeit« heißt, »mindfulness«, wie Langer sagt. Dieser Zustand bedeutet im Einzelnen:

Achtsamkeit

- sich freimachen von alten, vorgegebenen und besonders von bewerteten Denkstrukturen, von der »automatischen Logik«
- einfach nur offen sein für neue Information, die in uns »hineinfließt«, die Information nicht festhalten, nicht bearbeiten – sonst entsteht schnell der von Schopenhauer beschriebene Prozess
- offen sein für Überraschungen und das Erkennen von neuen Zusammenhängen
- Konzentration auf Prozesse und nicht in erster Linie auf Ergebnisse

Worauf soll man die eigene »Achtsamkeit« richten? Auf die Realität, auf die Dinge, wie sie sind, und nicht wie wir wünschen, dass sie sein sollten, oder auch fürchten, dass sie sein könnten.

Die Realität und sich selbst erkennen und begreifen

Dieser geistig-seelische Zustand schützt uns davor, dass wir uns immer tiefer und unter immer mehr Zeiteinsatz in irgendetwas, vielleicht sogar völlig Unsinniges, verrennen oder verbohren.

»Mindfulness«, sagt Langer, »ist genau wie Kreativität ein Zurück zu dem, der du bist. Die eigenen Reaktionen auf die Welt zu erkennen – dadurch wird sich ein Mensch wieder selbst kennenlernen. Wird lernen, was er fühlt, was er will und was er tun will.«

Sich selbst sehen und verstehen

Wissen Sie, was Sie mit Ihrer Zeit tun?

Wo bleibt eigentlich Ihre Zeit?

Ein Mensch mit Liebe zur Statistik hat einmal ausgerechnet, dass wir uns ziemlich genau 100-mal pro Tag entscheiden – entweder dafür, etwas Bestimmtes zu tun, oder dagegen. Wir entscheiden, wann wir aufstehen, was wir essen, was wir trinken, wen wir anrufen, wen wir ansprechen, wem wir zuhören, ob wir aufräumen – jetzt oder später –, woran wir arbeiten, was wir lesen, welches Fernsehprogramm wir wählen, wann wir ins Bett gehen etc.

Entscheidungen

Aus diesen einfachen Entscheidungen und dem darauf folgenden Verhalten setzt sich unsere Zeit zusammen: jeder unserer Tage – und letztendlich, in der Summe, unser Leben. Gelebtes Leben ist ja, was wir tun. Wir sind, was wir tun – weitestgehend jedenfalls. Und wir sind nicht, was wir sollten, wollten, könnten, müssten oder dürften.

Wenn es Chancen im Leben gibt, dann liegen sie hier: in dem, was wir tagtäglich tun. Wir haben jeden Tag Möglichkeiten, auf unser Leben positiv Einfluss zu nehmen – gleich, wie schwierig wir unsere Lage sehen. Nicht die Probleme werfen uns um, sondern eine ganz bestimmte, eine unergiebige Sicht der Probleme.

Das Leben beeinflussen

Da das, was wir entscheiden und dann tun, zum größten Teil auf Routine basiert, erscheint das Wort »entscheiden« an dieser Stelle sicher etwas überraschend. Und auch das, was wir tun, findet weitgehend ohne Bewusstseinskontrolle statt (ähnlich wie der Autofahrer die Gänge automatisch schaltet). Kurz: Wir wissen (meist) nicht, was wir tun.

Die Chancen, die wir im Leben haben, liegen deshalb nicht in Wunschphantasien und Träumen. Sie liegen darin, aus Träumen und Phantasien aufzuwachen.

Was wir aus unseren Tagen und aus unserem Leben machen, ist in weiten Teilen änderbar und entscheidbar. 100-mal am Tag sicher nicht, mindestens einmal aber schon. Und die richtige Entscheidung über die richtige Zeit liegt dort.
Ob Sie sie neu und besser organisieren sollten, sagt Ihnen der Zeitcheck im nächsten Kapitel. Vorab jedoch noch ein kleiner Test:

Stoßen Sie in Ihrer Arbeit häufiger auf die gleichen Probleme, wie Terminprobleme?	❑ ja ❑ nein

Wenn ja, sollten Sie an eine gute Regel jeder Organisationslehre denken: »Wenn Probleme in gleicher oder ähnlicher Weise wiederholt auftreten, ist an der Organisation etwas falsch. Dann (und nur dann) muss an der Organisation einer Arbeit etwas geändert werden.«

Falsche Organisation

Wollen Sie an der Nutzung Ihrer Zeit etwas ändern?

Sicher haben Sie schon oft versucht, die Organisation Ihrer Arbeit, vielleicht sogar Ihrer Freizeit – also Ihren gesamten Tagesablauf – zu ändern. Was kann dieses Buch Ihnen dabei Neues bringen?
Neu für viele Menschen ist sicherlich, zu erfahren, wie konservativ sie sind. Denn wir Menschen hätten es gern einfach. Die Welt mag sich ändern, aber wir selbst nicht! Und wenn die starke Frau, der starke Mann sich mal schwach fühlt, wird sie oder er im Zweifel erst einmal das tun, was sich bisher bewährt hat: noch mehr powern.

Problem: das Powern

Wenn diese Phase des Powerns dann vorbei ist, setzt dieses Buch ein, da Power nicht immer die Lösung ist, sondern zumeist das eigentliche Problem.
Sie kennen das Wort »Auf seinem Grabstein stand: Er hatte Vorfahrt«. Denken Sie einmal an die vielen Hoffnungen, die wir zu Grabe tragen, bevor man uns selbst beerdigt. Wenn wir denen jeweils einen Grabstein setzen würden, stünden darauf Dinge wie: Sie oder er

- wollte immer perfekt sein,
- hat sich nicht genug Zeit für sich genommen,
- hat sich selbst nicht genug geliebt,
- war irgendwie nicht in der Lage, dargebrachte Liebe anzunehmen,
- hat geglaubt, ein starker Mensch darf keine Schwäche zeigen.

Lieben Sie Ihre Zeit

Die Zeit erkennen

Lieben heißt zuallererst, dass man das, was man liebt, überhaupt kennt. Sich selbst lieben bedeutet deshalb, sich selbst kennen zu lernen und anzunehmen mit allem, was wir tagtäglich tun. Denn wir sind, was wir tun. Was tun Sie aber nun wirklich mit Ihrer Zeit?

12. Schritt

Sie können jeden Tag eine Stunde Zeit gewinnen

Oft haben wir nach einem Arbeitstag das Gefühl: »Ich bin völlig geschafft. Aber was habe ich eigentlich geschafft?« Der Arbeitsberg ist kaum kleiner geworden. Was ist an solchen Tagen verkehrt gelaufen?
Vermutlich haben wir vor lauter Fleiß wichtige Zeit vertrödelt und mitunter die falschen Dinge erledigt.
Zeitmanagement heißt: den Tag effektiv gestalten. Was aber ist eigentlich Zeit? Diese Frage hätten wir uns schon lange stellen können.

Zeit ist wichtiger als Geld

Unwiederbringliche Zeit

»Jeder weiß, was Zeit ist – bis er danach gefragt wird«, hat der heilige Augustinus einmal gesagt. »Time is money« (Zeit ist Geld), sagen hingegen die Amerikaner und beweisen damit, wie richtig der Satz des Augustinus ist. Zeit unterscheidet sich nämlich vom Geld in einem wesentlichen Punkt:

- Mit Geld kann man zwar so ziemlich alles kaufen. Nur Zeit nicht, die man verloren hat.

Man kann hinsichtlich verlorener Zeit eventuell Menschen dafür bezahlen, dass sie die von anderen versäumte Arbeit erledigen, um wichtige Termine noch zu halten.
Ansonsten aber gilt:

- Zeit gehorcht nicht dem Marktgesetz von Angebot und Nachfrage. Gleich wie hoch die Nachfrage auch ist, das Angebot steigt auf keinen Fall. Der Tag hat nach wie vor 24 Stunden.
- Zeit hat keinen Preis. Man bekommt sie gratis, aber gleich, wie viel man dafür zu zahlen bereit wäre, man kann sich von seiner Zeit nicht mehr kaufen.
- Zeit ist eine leicht verderbliche Ware. Sie kann nicht konserviert werden. Zeit, die vergangen ist, ist unwiederbringlich verloren.
- »Nichts«, sagt der Unternehmensberater Professor Peter Drucker, »unterscheidet einen erfolgreich arbeitenden Menschen von einem weniger erfolgreichen stärker als eine liebende Fürsorge für die Zeit.«

Respekt vor der Zeit

Leider sind wir Menschen sehr schlecht dafür ausgerüstet, mit unserer Zeit fürsorglich liebend umzugehen. Zwar gibt es in uns allen »biologische Uhren«, in abgedunkelten Räumen aber verlieren wir so ziemlich als Erstes unser Zeitgefühl. Und ähnlich ist es in ständig gleichförmig erleuchteten Räumen wie Bibliotheken oder Großraumbüros.
Zeit will geliebt werden. So hat es Peter Drucker gesagt. Was man liebt, sollte man zumindest kennen.

Zeit fürsorglich behandeln

Wie verbringen Sie eigentlich Ihre Zeit? Wissen Sie es?

Nachfolgend ein einfaches Schema. Notieren Sie einfach alle 15 Minuten, was Sie in der letzten Viertelstunde getan haben. Vielleicht erscheint Ihnen diese »Buchführung« zunächst als reine Zeitverschwendung, obwohl Sie nur jeweils drei Sekunden bräuchten, um ein Kreuzchen zu machen oder ein Stichwort einzufügen. Aber der Zeitpunkt wird mit Sicherheit kommen, an dem Sie auf dieses Schema zurückgreifen werden.

Zeit-Buchführung

Privatbereich

Bitte kreuzen Sie für jede Viertelstunde Ihre Tätigkeit an:

Zeit	geruht/ geschlafen	Mahl-zeiten	Radio/ TV	Fitness – Körper-pflege	gelesen	Privat-gespräch	unter-wegs	– etwas anderes, was nicht direkt mit Pflicht und Arbeit zu tun hat
00.00–15								
00.15–30								
00.30–45								
00.45–00								
01.00–15								
01.15–30								
01.30–45								
01.45–00								
02.00–15								
02.15–30								
02.30–45								
02.45–00								
03.00–15								
03.15–30								
03.30–45								
03.45–00								
04.00–15								
04.15–30								
04.30–45								
04.45–00								
05.00–15								
05.15–30								
05.30–45								
05.45–00								

Arbeit/Pflichten

Bitte kreuzen Sie für jede Viertelstunde Ihre Tätigkeit an:

✆ telefoniert	✍ Papierkram	🔧 Arbeit	☺ Arbeitsgespräch	👓 gelesen	🗨 sinniert	⇆ herumgehetzt	⚡ Ideen entwickelt	○ geistiger Leerlauf	❓ weiß nicht	– etwas anderes, was nicht direkt mit Pflicht und Arbeit zu tun hat
✆	✍	🔧	☺	👓	🗨	⇆	⚡	○	❓	______________
✆	✍	🔧	☺	👓	🗨	⇆	⚡	○	❓	______________
✆	✍	🔧	☺	👓	🗨	⇆	⚡	○	❓	______________
✆	✍	🔧	☺	👓	🗨	⇆	⚡	○	❓	______________
✆	✍	🔧	☺	👓	🗨	⇆	⚡	○	❓	______________
✆	✍	🔧	☺	👓	🗨	⇆	⚡	○	❓	______________
✆	✍	🔧	☺	👓	🗨	⇆	⚡	○	❓	______________
✆	✍	🔧	☺	👓	🗨	⇆	⚡	○	❓	______________
✆	✍	🔧	☺	👓	🗨	⇆	⚡	○	❓	______________
✆	✍	🔧	☺	👓	🗨	⇆	⚡	○	❓	______________
✆	✍	🔧	☺	👓	🗨	⇆	⚡	○	❓	______________
✆	✍	🔧	☺	👓	🗨	⇆	⚡	○	❓	______________
✆	✍	🔧	☺	👓	🗨	⇆	⚡	○	❓	______________
✆	✍	🔧	☺	👓	🗨	⇆	⚡	○	❓	______________
✆	✍	🔧	☺	👓	🗨	⇆	⚡	○	❓	______________
✆	✍	🔧	☺	👓	🗨	⇆	⚡	○	❓	______________
✆	✍	🔧	☺	👓	🗨	⇆	⚡	○	❓	______________
✆	✍	🔧	☺	👓	🗨	⇆	⚡	○	❓	______________
✆	✍	🔧	☺	👓	🗨	⇆	⚡	○	❓	______________
✆	✍	🔧	☺	👓	🗨	⇆	⚡	○	❓	______________
✆	✍	🔧	☺	👓	🗨	⇆	⚡	○	❓	______________
✆	✍	🔧	☺	👓	🗨	⇆	⚡	○	❓	______________
✆	✍	🔧	☺	👓	🗨	⇆	⚡	○	❓	______________
✆	✍	🔧	☺	👓	🗨	⇆	⚡	○	❓	______________

Privatbereich

Bitte kreuzen Sie für jede Viertelstunde Ihre Tätigkeit an:

Zeit	geruht/ geschlafen	Mahl- zeiten	Radio/ TV	Fitness – Körper- pflege	gelesen	Privat- gespräch	unter- wegs	– etwas anderes, was nicht direkt mit Pflicht und Arbeit zu tun hat
06.00–15								
06.15–30								
06.30–45								
06.45–00								
07.00–15								
07.15–30								
07.30–45								
07.45–00								
08.00–15								
08.15–30								
08.30–45								
08.45–00								
09.00–15								
09.15–30								
09.30–45								
09.45–00								
10.00–15								
10.15–30								
10.30–45								
10.45–00								
11.00–15								
11.15–30								
11.30–45								
11.45–00								

Arbeit/Pflichten

Bitte kreuzen Sie für jede Viertelstunde Ihre Tätigkeit an:

✆ telefoniert	✍ Papierkram	🔧 Arbeit	☺ Arbeitsgespräch	👓 gelesen	💭 sinniert	⇆ herumgehetzt	⚡ Ideen entwickelt	○ geistiger Leerlauf	? weiß nicht	– etwas anderes, was nicht direkt mit Pflicht und Arbeit zu tun hat
✆	✍	🔧	☺	👓	💭	⇆	⚡	○	?	____________
✆	✍	🔧	☺	👓	💭	⇆	⚡	○	?	____________
✆	✍	🔧	☺	👓	💭	⇆	⚡	○	?	____________
✆	✍	🔧	☺	👓	💭	⇆	⚡	○	?	____________
✆	✍	🔧	☺	👓	💭	⇆	⚡	○	?	____________
✆	✍	🔧	☺	👓	💭	⇆	⚡	○	?	____________
✆	✍	🔧	☺	👓	💭	⇆	⚡	○	?	____________
✆	✍	🔧	☺	👓	💭	⇆	⚡	○	?	____________
✆	✍	🔧	☺	👓	💭	⇆	⚡	○	?	____________
✆	✍	🔧	☺	👓	💭	⇆	⚡	○	?	____________
✆	✍	🔧	☺	👓	💭	⇆	⚡	○	?	____________
✆	✍	🔧	☺	👓	💭	⇆	⚡	○	?	____________
✆	✍	🔧	☺	👓	💭	⇆	⚡	○	?	____________
✆	✍	🔧	☺	👓	💭	⇆	⚡	○	?	____________
✆	✍	🔧	☺	👓	💭	⇆	⚡	○	?	____________
✆	✍	🔧	☺	👓	💭	⇆	⚡	○	?	____________
✆	✍	🔧	☺	👓	💭	⇆	⚡	○	?	____________
✆	✍	🔧	☺	👓	💭	⇆	⚡	○	?	____________
✆	✍	🔧	☺	👓	💭	⇆	⚡	○	?	____________
✆	✍	🔧	☺	👓	💭	⇆	⚡	○	?	____________
✆	✍	🔧	☺	👓	💭	⇆	⚡	○	?	____________
✆	✍	🔧	☺	👓	💭	⇆	⚡	○	?	____________
✆	✍	🔧	☺	👓	💭	⇆	⚡	○	?	____________
✆	✍	🔧	☺	👓	💭	⇆	⚡	○	?	____________

Privatbereich

Bitte kreuzen Sie für jede Viertelstunde Ihre Tätigkeit an:

Zeit	geruht/ geschlafen	Mahl-zeiten	Radio/ TV	Fitness – Körper-pflege	gelesen	Privat-gespräch	unter-wegs	– etwas anderes, was nicht direkt mit Pflicht und Arbeit zu tun hat
12.00–15								
12.15–30								
12.30–45								
12.45–00								
13.00–15								
13.15–30								
13.30–45								
13.45–00								
14.00–15								
14.15–30								
14.30–45								
14.45–00								
15.00–15								
15.15–30								
15.30–45								
15.45–00								
16.00–15								
16.15–30								
16.30–45								
16.45–00								
17.00–15								
17.15–30								
17.30–45								
17.45–00								

Arbeit/Pflichten

Bitte kreuzen Sie für jede Viertelstunde Ihre Tätigkeit an:

✆ tele-foniert	✍ Papier-kram	🔧 Arbeit	☺ Arbeits-gespräch	👓 gelesen	💬 sinniert	⇆ herum-gehetzt	⚡ Ideen ent-wickelt	○ geistiger Leer-lauf	? weiß nicht	– etwas anderes, was nicht direkt mit Pflicht und Arbeit zu tun hat
✆	✍	🔧	☺	👓	💬	⇆	⚡	○	?	________
✆	✍	🔧	☺	👓	💬	⇆	⚡	○	?	________
✆	✍	🔧	☺	👓	💬	⇆	⚡	○	?	________
✆	✍	🔧	☺	👓	💬	⇆	⚡	○	?	________
✆	✍	🔧	☺	👓	💬	⇆	⚡	○	?	________
✆	✍	🔧	☺	👓	💬	⇆	⚡	○	?	________
✆	✍	🔧	☺	👓	💬	⇆	⚡	○	?	________
✆	✍	🔧	☺	👓	💬	⇆	⚡	○	?	________
✆	✍	🔧	☺	👓	💬	⇆	⚡	○	?	________
✆	✍	🔧	☺	👓	💬	⇆	⚡	○	?	________
✆	✍	🔧	☺	👓	💬	⇆	⚡	○	?	________
✆	✍	🔧	☺	👓	💬	⇆	⚡	○	?	________
✆	✍	🔧	☺	👓	💬	⇆	⚡	○	?	________
✆	✍	🔧	☺	👓	💬	⇆	⚡	○	?	________
✆	✍	🔧	☺	👓	💬	⇆	⚡	○	?	________
✆	✍	🔧	☺	👓	💬	⇆	⚡	○	?	________
✆	✍	🔧	☺	👓	💬	⇆	⚡	○	?	________
✆	✍	🔧	☺	👓	💬	⇆	⚡	○	?	________
✆	✍	🔧	☺	👓	💬	⇆	⚡	○	?	________
✆	✍	🔧	☺	👓	💬	⇆	⚡	○	?	________
✆	✍	🔧	☺	👓	💬	⇆	⚡	○	?	________
✆	✍	🔧	☺	👓	💬	⇆	⚡	○	?	________
✆	✍	🔧	☺	👓	💬	⇆	⚡	○	?	________
✆	✍	🔧	☺	👓	💬	⇆	⚡	○	?	________

Privatbereich

Bitte kreuzen Sie für jede Viertelstunde Ihre Tätigkeit an:

Zeit	geruht/ geschlafen	Mahlzeiten	Radio/ TV	Fitness – Körperpflege	gelesen	Privatgespräch	unterwegs	– etwas anderes, was nicht direkt mit Pflicht und Arbeit zu tun hat
18.00–15								________
18.15–30								________
18.30–45								________
18.45–00								________
19.00–15								________
19.15–30								________
19.30–45								________
19.45–00								________
20.00–15								________
20.15–30								________
20.30–45								________
20.45–00								________
21.00–15								________
21.15–30								________
21.30–45								________
21.45–00								________
22.00–15								________
22.15–30								________
22.30–45								________
22.45–00								________
23.00–15								________
23.15–30								________
23.30–45								________
23.45–00								________

Arbeit/Pflichten

Bitte kreuzen Sie für jede Viertelstunde Ihre Tätigkeit an:

✆ telefoniert	✍ Papierkram	🔧 Arbeit	☺ Arbeitsgespräch	👓 gelesen	💬 sinniert	⇆ herumgehetzt	⚡ Ideen entwickelt	○ geistiger Leerlauf	? weiß nicht	– etwas anderes, was nicht direkt mit Pflicht und Arbeit zu tun hat
✆	✍	🔧	☺	👓	💬	⇆	⚡	○	?	______
✆	✍	🔧	☺	👓	💬	⇆	⚡	○	?	______
✆	✍	🔧	☺	👓	💬	⇆	⚡	○	?	______
✆	✍	🔧	☺	👓	💬	⇆	⚡	○	?	______
✆	✍	🔧	☺	👓	💬	⇆	⚡	○	?	______
✆	✍	🔧	☺	👓	💬	⇆	⚡	○	?	______
✆	✍	🔧	☺	👓	💬	⇆	⚡	○	?	______
✆	✍	🔧	☺	👓	💬	⇆	⚡	○	?	______
✆	✍	🔧	☺	👓	💬	⇆	⚡	○	?	______
✆	✍	🔧	☺	👓	💬	⇆	⚡	○	?	______
✆	✍	🔧	☺	👓	💬	⇆	⚡	○	?	______
✆	✍	🔧	☺	👓	💬	⇆	⚡	○	?	______
✆	✍	🔧	☺	👓	💬	⇆	⚡	○	?	______
✆	✍	🔧	☺	👓	💬	⇆	⚡	○	?	______
✆	✍	🔧	☺	👓	💬	⇆	⚡	○	?	______
✆	✍	🔧	☺	👓	💬	⇆	⚡	○	?	______
✆	✍	🔧	☺	👓	💬	⇆	⚡	○	?	______
✆	✍	🔧	☺	👓	💬	⇆	⚡	○	?	______
✆	✍	🔧	☺	👓	💬	⇆	⚡	○	?	______
✆	✍	🔧	☺	👓	💬	⇆	⚡	○	?	______
✆	✍	🔧	☺	👓	💬	⇆	⚡	○	?	______
✆	✍	🔧	☺	👓	💬	⇆	⚡	○	?	______
✆	✍	🔧	☺	👓	💬	⇆	⚡	○	?	______
✆	✍	🔧	☺	👓	💬	⇆	⚡	○	?	______

Auf die Zeitprotokolltabelle komme ich noch oft zurück – so oft, dass Sie sich vielleicht sagen: »Irgendwann fülle ich sie doch einmal aus.« Es gibt nämlich viele interessante Auswertungsmöglichkeiten; nachfolgend einige, und wieder können Sie einfach ankreuzen, was auf Sie zutrifft. Um aber zu zeigen, wo bei Ihnen bei gutem Zeitmanagement in ein paar Monaten das Kreuz stehen wird, habe ich es schon einmal an entsprechender Stelle eingesetzt:

Gutes Zeitmanagement

Auswertung des Zeitprotokolls im Hinblick auf optimale Zeitplanung	
Springen Sie innerhalb der Viertelstunden-Perioden, die mit der Tabelle erfasst werden, mehr als einmal zwischen verschiedenen Beschäftigungen hin und her?	❑ ja ☒ nein
Vermischen sich bei Ihnen öfter, als Sie vermutet hatten, Pflicht und Freizeit? Entweder Sie beschäftigen sich in der eigentlichen Freizeit noch mit Pflichten (praktisch und/oder in Gedanken). Oder Sie sind – aktiv und/oder in Gedanken – in der Arbeitszeit mit Freizeitdingen befasst.	❑ ja ☒ nein
Haben Sie mindestens eine Stunde pro Tag, in der nichts geplant ist? Also wirklich freie Zeit – und nicht nur »Nichtarbeitszeit«, die aber mit Aktivitäten ausgefüllt ist.	☒ ja ❑ nein
Kommen Sie in aller Regel dazu, das, was Sie tun wollen, in Ruhe und Konzentration abzuwickeln?	☒ ja ❑ nein
Werden Sie öfter, als Sie es gut finden, von anderen Menschen bei Ihrem Tun (auch am Telefon) unterbrochen?	❑ ja ☒ nein

Auswertung des Zeitprotokolls im Hinblick auf optimale Zeitplanung	
Sind Sie öfter, als Sie es selbst für richtig halten, »von innen heraus« abgelenkt, unkonzentriert oder nicht bei der Sache?	❑ ja ☒ nein
Lassen Sie sich leicht ablenken? Beispiel: Sie essen, weil Ihnen gerade etwas zu essen in die Augen kommt, oder Sie stellen den Fernseher an, weil Sie ihn gerade sehen? Oder Sie reden mit einem Menschen, weil er gerade vorbeikommt?	❑ ja ☒ nein
Brauchen Gespräche mit anderen Menschen viel mehr Zeit, als Sie einplanen?	❑ ja ☒ nein
Machen Sie öfter zwei oder noch mehr Dinge zur gleichen Zeit? Dazu gehört z. B. auch: bei der Arbeit essen, beim Essen fernsehen, beim Essen telefonieren, beim Fernsehen lesen.	❑ ja ☒ nein
Sind Sie – während Sie etwas tun – öfter, als Sie vermutet hatten, in Gedanken ganz woanders?	❑ ja ☒ nein
Jeder Mensch muss tagtäglich irgendwelche Routinepflichten erledigen (waschen, anziehen, aufräumen, Post beantworten, Rechnungen bezahlen etc. – und im Beruf entsprechend). Verteilen sich diese Routinepflichten bei Ihnen über den Tag? Und/oder dauern sie länger, als Sie es selbst für nötig halten?	❑ ja ☒ nein

Zeitkontrolle

Selbstbeobachtung

Auswertung des Zeitprotokolls im Hinblick auf optimale Zeitplanung	
Jedem Menschen graut es vor irgendwelchen Aufgaben (privat und im Beruf). Verteilen sich diese Aufgaben bei Ihnen über den Tag, und/oder dauern sie länger, als Sie selbst für nötig halten?	❑ ja ☒ nein
Haben Sie in der Woche mindestens einen freien Tag, an dem Sie überhaupt nicht an irgendwelche Pflichten denken?	☒ ja ❑ nein
Haben Sie außerhalb dieses einen wirklich pflichtfreien Tages ein paar Stunden in der Woche, in denen Sie sich das Woher und Wohin durch den Kopf gehen lassen – ohne gleich aktiv werden zu müssen?	☒ ja ❑ nein
Haben Sie für die ständig/tagtäglich wiederkehrenden Pflichten eine feste Zeit »budgetiert«, in der Sie diese Routinen zügig erledigen (und nicht etwa nur darüber nachdenken, ob Sie sie erledigen)?	☒ ja ❑ nein
Haben Sie einen stabilen Tagesrhythmus? Feste Schlafenszeiten; feste Mahlzeiten; feste Zeiten für körperliche Bewegung?	☒ ja ❑ nein
Ist Ihr Tagesrhythmus fremdbestimmt (und wehren Sie sich innerlich dagegen)?	❑ ja ☒ nein
Haben Sie täglich zwei Stunden, in denen Sie konzentriert und ungestört das abarbeiten und erledigen können, was Sie tun wollen oder müssen?	☒ ja ❑ nein

Tagesrhythmus

Das war eine lange »Mängelliste«. Was tun? Damit wollen wir uns als Nächstes beschäftigen.

Nicht gleich alles ändern

13. Schritt

Prüfen Sie die folgende Prioritätenliste auf Zeitfallen ab, und schauen Sie, ob es Regelmäßigkeiten gibt. Ihr Ziel ist es dabei, herauszufinden, welche Dinge trotz guter Vorsätze mit Ihrer optimal gedachten Zeitplanung nicht übereinstimmen:

Was muss ich heute tun?	Von wann bis wann wollte ich es tun?	Wann habe ich es getan?	Warum habe ich es nicht pünktlich getan?
1 ______	______	______	______
2 ______	______	______	______
3 ______	______	______	______
4 ______	______	______	______
5 ______	______	______	______
6 ______	______	______	______
7 ______	______	______	______
8 ______	______	______	______
9 ______	______	______	______
10 ______	______	______	______
11 ______	______	______	______
12 ______	______	______	______
13 ______	______	______	______
14 ______	______	______	______
15 ______	______	______	______
16 ______	______	______	______
17 ______	______	______	______
18 ______	______	______	______
19 ______	______	______	______
20 ______	______	______	______

Prüfen Sie einmal anhand der folgenden Checkliste, ob Sie bei den Dingen, die Sie erfolglos planen, in Zeitfallen (siehe 31.–47. Schritt, Seite 126 ff.) landen:

Zeitfallen-Checkliste:	
Zeitfalle: nicht fertig werden wollen (weil ich mich in irgendein grundsätzliches Problem verbissen habe)	❐
Zeitfalle: Arbeitssucht (weil ich nicht wusste, was ich mit der Nichtarbeitszeit anfangen sollte)	❐
Zeitfalle: überflüssige Anwesenheit (weil ich wichtig sein wollte)	❐
Zeitfalle: effizient sein, aber nicht effektiv (weil ich zwar alles richtig gemacht, aber nicht die richtigen Dinge gemacht habe)	❐
Zeitfalle: alles selbst machen (weil ich kein Vertrauen in die Mitarbeit anderer Menschen hatte und/oder weil ich nicht delegieren kann)	❐
Zeitfalle: nicht nein sagen können (weil ich Dinge übernommen habe, die ich gar nicht hätte tun müssen)	❐
Zeitfalle: schlechte Arbeitsorganisation (weil ich mir nicht klar war, wo und wie ich anfangen sollte – und auch über die nächsten Schritte und das Ziel nicht)	❐
Zeitfalle: Unterbrechungen (weil ich zu viel mit Menschen geredet habe)	❐
Zeitfalle: zu viele Besprechungen (weil ich Konferenzen wichtiger genommen habe als die eigentliche Arbeit)	❐

Arbeitssucht

Mangelhafte Organisation

Zeitfalle: mehrere Dinge gleichzeitig tun (weil ich mich nicht konzentriert habe)	❒
Zeitfalle: Papierflut – zu viel lesen (weil ich mich zu intensiv informiert habe)	❒
Zeitfalle: Aufschieber (weil ich an die Sache nicht herangegangen bin)	❒
Zeitfalle: Termine nicht halten (weil ich von anderen Pflichten noch einen Terminüberhang hatte)	❒
Zeitfalle: zu viel Kleinkram (weil einfach zu viel zu tun war, womit ich nicht gerechnet hatte)	❒
Zeitfalle: Telefon (weil dauernd jemand angerufen hat)	❒
Zeitfalle: unangemeldeter Besuch (weil ich nicht die Kraft hatte, einen anderen Termin auszumachen)	❒
Zeitfalle: zu viele Krisen (weil alles bei mir zur Zeit im Chaos endet)	❒
Zeitfalle: Unordnung (weil ich zu viel, was für die Arbeit wichtig war, erst zusammensuchen musste)	❒
Zeitfalle: Ermüdung (weil ich nicht fit war)	❒

Telefonstress

Chaos

Ein langer »Beichtspiegel« für Zeitsünder. Ändern Sie jetzt bitte nicht alles auf einmal. Dass Dinge nicht nach Plan laufen, hat Gründe. Vielleicht sind sie Ihnen nicht bewusst. Aber Sie sollten wissen: Alles hängt mit allem zusammen. Und wenn Sie eine einzige Sache ändern, hat das Auswirkungen auf alles andere. Wenn Sie sich jetzt z. B. »Zeit am Stück« (siehe 4. Schritt, Seite 19 f.) freischlagen, werden sich dadurch auch andere Probleme lösen. Wenn Sie aber alles auf einmal probieren, werden Sie sich überfordern.

Vorsicht vor Veränderung – »Changing is saming«

Haben Sie in der Vergangenheit immer wieder versucht, dieselben Probleme zu lösen – und immer wieder vergeblich? Unendlich viel Zeit, Arbeitskraft, geistige Kapazität, Geld und seelische Energie werden in Organisationsversuche investiert, die nicht zum gewünschten Erfolg führen.

Wiederholungszwang

Viele Menschen lösen seit ihrer frühesten Kindheit, seit sie zurückdenken können, im Grunde genommen immer dieselben Probleme.

Das zu begreifen, Einsicht in jenen Mechanismus zu gewinnen, den Sigmund Freud »Wiederholungszwang« genannt hat, ist eine der Aufgaben, die viele Menschen angesichts ihres fehlenden oder schlechten Zeitmanagements bewältigen müssen. Es ist wie mit dem Problem von Diät und Übergewicht. Viele Diätvorschriften kann man befolgen und trotzdem ein Leben lang Übergewicht haben.

Viele Zeitpläne kann man sich aufstellen und trotzdem nie aus der Hetze herauskommen.

»Changing is saming«, sagt man in Amerika – gleichbedeutend mit: »Verändern heißt, die Dinge beim Alten belassen« (»saming« ist ein Kunstwort, in dem »same«, also »gleich«, steckt). Einen der Gründe, warum viele Versuche der Selbstorganisation scheitern, kennen Sie bereits – die 20/80-Regel (siehe 1. Schritt, Seite 10 f.): Wer zu viel verändern will, verzettelt sich; wer sich um alles und jedes kümmert, weil er in sehr großer Bandbreite mit einer Problemlösung angesetzt hat, verteilt seine Aufmerksamkeit »zu dünn«. Sie kann dann nicht mehr die wirklich wichtigen Daten erfassen.

Mut zur Lücke

Der Zusammenbruch eines »Systems« ist die Folge eines solchen Vorgehens. Der Mut zur Lücke fehlt bei den meisten Organisationsplänen, aber der Mut zur Improvisation ebenso. Man betrachtet sich oft zu sehr selbst als eine Art Maschine, die nur mit den richtigen »Programmen« gefüttert werden muss, um optimal zu funktionieren. Dass das nicht richtig ist, das wissen wir. Denn der Mensch ist ein unendlich komplexer Bio-Computer. Das optimale Lebens-Organisations-Programm auch nur für einen einzigen Menschen aufzustellen, überfordert mit absoluter Sicherheit die Fähigkeiten der gesamten Menschheit.

Selbstheilungskräfte

Dieser Bio-Computer Mensch verfügt aber über große Selbstheilungskräfte. Ähnlich wie im körperlichen Bereich kann man auch im geistig-seelischen Bereich auf die Weisheit des Organismus und auf die in uns allen angelegten Selbstheilungskräfte vertrauen.

Wenn Sie Ihr Selbst-Reparatur-Programm unterstützen wollen, achten Sie auf zwei Dinge: »preußische Disziplin« und »Flow« – die Themen der nächsten beiden Kapitel.

14. Schritt

WANN LOHNT ES SICH, HART GEGEN SICH SELBST ZU SEIN?

Vielleicht gefällt Ihnen das Wort »Disziplin« nicht und der Zusatz »preußisch« schon gar nicht. Sie können auch das englische Wort »toughness« dafür einsetzen. Es wird mit »Härte« übersetzt und nachfolgend mit »hart sein gegen sich selbst«.

Disziplin

Und Sie können es wahlweise auch umschreiben mit: absolute Konsequenz, Prinzipientreue, Pflichtgefühl, bei einer Sache bleiben, Sturheit, sich selbst, seinen Zielen und Idealen treu bleiben.

Viele dieser Ausdrücke werden in uns negative Gefühle erwecken, denn wir haben – in einem unverständigen Elternhaus und einer nicht nach unseren Bedürfnissen und Möglichkeiten organisierten Schul- und Arbeitswelt – erfahren, wie sehr man leiden kann, wenn diese eben genannten Prinzipien *gegen* den Menschen angewandt werden. Aber man kann sich das Leben noch härter machen, wenn man sich selbst immer nur wie ein rohes Ei behandelt.

Ich habe bereits über Fehler beim Zeit- und Selbstmanagement gesprochen (siehe 2. Schritt, Seite 13 ff.), etwa über die unklare Definition von Wegen und Zielen.

Die Liste der typischen Fehler ist aber weitaus länger, und ein wichtiger heißt:

Ungenügender Einsatz beim Selbstmanagement

Wer alles gibt, muss auch hart sein gegen sich selbst. Das ist etwas unmodern geworden. Härte wird heute zu oft gegen Andersdenkende, Andersaussehende oder Wenigerverdienende ausgeübt. Sich selbst gegenüber aber gilt es als höchste Pflicht, den eigenen spontanen Impulsen ebenso spontan nachzugeben.

Spontanen Impulsen nicht folgen

Und man nennt dies (fälschlicherweise!) »Leben im HIER und JETZT«. Und dem »Leben im HIER und JETZT« wird heute ein größerer Wert beigemessen als etwa der Folgenabschätzung des eigenen Verhaltens.

Spontanen Impulsen nicht immer sofort nachzugeben ist aber ein wesentlicher Teil eines erfolgreichen Zeit- und damit Selbstmanagements. Wer abnehmen will, muss auf irgendeine Weise in die Lage kommen, den Reizen von Nahrungsmitteln nicht mehr nachzugeben.

Von Impulsen überwältigt worden zu sein ist in unserer HIER-und-JETZT-Gesellschaft aber eine weithin akzeptierte Entschuldigung. Die Kraft von Impulsen wird allgemein überschätzt.

Aber es geht nicht um Ausreden, sondern um Prävention: um Vorbeugung gegen Zeitvergeudung.

Zwang und Selbstdisziplin helfen – aber sie reichen nicht aus

Selbstdisziplin bringt meist nur einen momentanen Erfolg. Aber auch der ist nützlich. Wer sich das Rauchen abgewöhnen will, muss die Disziplin aufbringen, dem spontanen Impuls, nach einer Zigarette zu greifen, nicht Folge zu leisten. Auch wenn solche Versuche nicht immer zum Ziel führen, sondern Rückfälle beinhalten, sind sie wertvoll.

Selbstregulation

Es gibt Hinweise in der wissenschaftlichen Literatur über Verhaltensveränderung, dass die Kraft, die man zur Selbstregulation braucht, ähnlich trainierbar ist wie die athletische Kraft eines Sportlers. Jeder Versuch trainiert diese Kraft. Sogar ein gescheiterter, wenn er nicht als endgültiges Versagen interpretiert wird.

Wozu brauchen Sie preußische Disziplin am dringendsten?

Zur Impulskontrolle. Wer Verlockungen, die nur fad sind, leicht erliegt, sollte Prävention betreiben:

Prävention

- Wer abnehmen will, sollte sich nicht ständig in der Nähe eines gut gefüllten Kühlschranks aufhalten.
- Wer eigene Aggressivität beherrschen lernen will, sollte sich nicht in Situationen begeben, die aggressiv machen.
- Und wer nicht in »Zeitfallen« tappen will, sollte den »Zeitdieben« aus dem Wege gehen.

Wann brauchen Sie preußische Disziplin am dringendsten?

Stress

Wann immer unsere Fähigkeit zur Impulskontrolle geschwächt wird. Das geschieht besonders häufig unter Bedingungen wie Stress, Ärger (je stärker ein Mensch verärgert ist, desto eher reagiert er aus der Situation heraus und folgt spontanen Impulsen aus einem falsch verstandenen »Leben im Hier und Jetzt«, und desto eher verliert er übergeordnete verhaltensleitende Werte und Ziele aus dem Bewusstsein) oder Müdigkeit, denn viele Verstöße gegen eigene Vorsätze geschehen nachts. Das gilt für Gewaltverbrechen ebenso wie für »Fressorgien«.

Wann und wo nützt auch die preußischste aller preußischen Disziplin nichts?

- Beim Versuch, Dinge unbedingt kontrollieren zu wollen, die man nicht kontrollieren kann.

Kontrolle ist nicht immer möglich

Beispiel: *Eine Veränderung von Gefühlen oder Stimmungen. Hierzu haben wir in aller Regel keinen direkten Zugang (gelingt meist erst auf dem Wege einer Psychotherapie und führt über eine neue Lebenseinstellung dann zu einer Emotions- und Stimmungskontrolle). Auch das heute häufig propagierte »Patentrezept«, Gefühle und Ärger einfach »rauszulassen«, zeigt meist, dass dadurch mehr statt weniger Ärger entsteht.*

- Bei Konzentration auf ein unwichtiges Detail.
  Das sind z. B. Situationen, die Unwillen und Ärger hervorrufen. Da konzentrieren sich Menschen und verbringen ihre Zeit und ihre Kraft damit, sich in gute Stimmung zu bringen, um danach dann eine ungeliebte Arbeit (z. B. ihre Steuererklärung) zu erledigen. Dabei bleibt die eigentliche Arbeit aber unerledigt, und die Probleme werden trotz großer Bemühungen nicht geringer, sondern größer.

Sind Zwang, Druck, Kontrolle immer schlecht?

Wer von Menschen etwas erreichen will oder andere Menschen (oder sich selbst) ändern will, kommt schnell in ein »liberales Dilemma«. Zwang und Kontrolle erscheinen als erste und beste Mittel. Normale Menschenrechte wie Freiheit und Selbstbestimmung werden einem Menschen genommen

Wohlverhalten

und dann oft als Belohnung für Wohlverhalten ausgesetzt: Freizeit für Kinder nach Erledigung der Hausaufgaben, Freigängerrechte für Strafgefangene oder Teilsouveränität über die Arbeitszeit bei Angestellten.

Eine Gesellschaft ohne Kontrolle und Selbstkontrolle scheint es nicht zu geben, und auch wenn außer der »Peitsche« das »Zuckerbrot« und andere »Verstärkerli« eingesetzt werden, bleibt es doch Kontrolle.

Die »Kontrolleure« fürchten irgendetwas wie Anarchie, Chaos, Krankheit oder den Weltuntergang, wenn sie Kon-

Kontrolle

trollmaßnahmen aufgeben. Beweise dafür, dass Kontrolle besser ist als Vertrauen, können sie ihrer Meinung nach ausreichend liefern.

Die Lösung des »liberalen Dilemmas« liegt – so der Psychologe Dennis J. Delprato von der East Michigan University – in der richtigen Mischung von Vertrauen und Kontrolle. Er erinnert Psychologen, Therapeuten, Pädagogen und andere Erzieher und Selbsterzieher daran, dass Kontrolle niemals weit genug reicht. Wenn die Normen der »Kontrolleure« und der »Kontrollierten« zu stark voneinander abweichen, entsteht ebenfalls »unerwünschtes Verhalten«: passiver Widerstand, Dienst nach Vorschrift oder Aggressivität zum Beispiel.

Normen müssen so gesetzt werden, dass der »Kontrollierte« nicht nur erwünschtes Verhalten »produziert«, sondern seine eigenen Normen dem Erwünschten angleicht – was in aller Regel einen Schritt von beiden Seiten aufeinander zu bedeutet. Delprato empfiehlt: sich nicht auf Fehlverhalten zu konzentrieren, sondern so lange zu suchen, bis »positives Verhalten« entdeckt wird, auf dem man aufbauen kann.

Normen

Negative Ergebnisse gibt es immer dann, wenn der Versuch, andere Menschen oder sich selbst zu verändern, als undurchführbar erkannt wird.

Das gilt für Rehabilitation im Strafvollzug genauso wie für Verhalten am Arbeitsplatz oder für »Self-Management« in Bezug auf die eigenen Verhaltensgewohnheiten (The Psychological Report, Jg. 45, 1995): Der Umgang mit der eigenen Zeit ist dabei eingeschlossen.

Verhaltensgewohnheiten

Zeitplanung durch »Flow«

15. Schritt

»Flow« ist die andere Seite der Erfolgsmedaille. »Flow« bedeutet »Fließen«: Sich dem eigenen Tun anvertrauen, wie sich der Wassertropfen dem Fluss anvertraut, die Welle dem Ozean. Ähnlich sollten wir uns als »kleine Tropfen« dem Strom der Zeit anvertrauen – unserer Umwelt und besonders der Arbeitswelt, den Aufgaben und Pflichten. »Flow« bezeichnet einen Seelenzustand, der auch als »alternatives Bewusstsein« bezeichnet wird. Manchmal spricht man davon, dass jemand in seine Arbeit versunken ist. Damit ist gemeint: voll absorbiert von seiner Tätigkeit.

Dem eigenen Handeln vertrauen

Wodurch ist man voll absorbiert?

Dies hat einer der großen Betriebspsychologen unserer Zeit, Prof. Frederick Herzberg, erforscht. Bei Befragungen, die in vielen Teilen der Welt wiederholt wurden, hat Herzberg Menschen gebeten, die Situationen höchster Arbeitszufriedenheit aufzuschreiben.

Immer kam dabei heraus, dass Menschen mit dem, was sie tun, glücklich sind,

- wenn sie um der Sache selbst willen bemüht sind, und
- nicht, wenn sie primär für Geld, Lob oder Anerkennung tätig werden.

Geld, Lob oder Anerkennung sind sekundäre Ziele. Sie sind reizvoll. Aber schauen Sie einmal die Tabelle auf Seite 61 durch, speziell den Punkt »Warum habe ich es nicht pünktlich getan?«. Was dort vielleicht Fragen und Wundern auslöste, können Sie jetzt bereits teilweise beantworten. Haben Sie besondere Zeitprobleme bei dem,

Es geht um die Sache selbst

- was Sie um der Sache selbst willen tun? Oder bei dem,
- was Sie primär für Geld, Lob oder Anerkennung tun?

Alle Erfahrung spricht für das zweite. Ihre Erfahrung auch?

Woher kommt Motivation?

Motivieren Sie sich nicht selbst durch irgendwelche »Verstärkerli«. Das hilft zwar manchmal. Auf Dauer aber hilft nur: sich ganz einer Sache hingeben. Das belohnt mehr als das schönste »Zuckerl«.

Ein deutscher Psychologe, Prof. Karl Bühler, hat vor einem halben Jahrhundert sehr gut beschrieben, was »Flow« heißen kann. Menschen arbeiten für Geld, für Lob ... aber nicht immer. All diese »Motivatoren« versagen vor den wirklich großen geistigen Leistungen und Arbeitsergebnissen, die ein Mensch im Laufe seines Lebens vollbringen muss: z. B. schon beim Erwerb der Sprache.

Aus sich selbst heraus motiviert sein

Wer einmal ein Kind beobachtet hat, wie es diesen hochkomplexen Vorgang bewältigt (jeder, der als Erwachsener eine Sprache lernen will, bekommt eine Ahnung davon, wie kompliziert dies ist), der weiß: Hier geht es nicht um Smarties und Zehnpfennigstückchen für Eiskrem oder irgendwelche andere »Motivatoren«. Das Kind ist »intrinsisch« (das heißt: aus sich selbst heraus) motiviert.

Die Kraft hinter dem Ausüben von Fähigkeiten jenseits aller Forderungen und Belohnungen durch die Umwelt nannte Karl Bühler »Funktionslust«. Und die wichtigen Dinge, die großen Werke, entstehen nicht durch Streben nach Anerkennung, Erfolg, Geld oder einem Firmenwagen.

Die produktive Arbeitsorientierung

Zwei grundlegende Arbeitsorientierungen des Menschen lassen sich feststellen: Unser Tun kann:

1. uns Freude machen, die besten Saiten in uns zum Klingen bringen und uns – während der Arbeit und auch danach – ein Gefühl tiefer Zufriedenheit und großen Stolzes vermitteln. »Eine Arbeit, die uns Befriedigung gewährt, ist das beste und solideste Glück«, sagt Theodor Storm.

2. eine Plage sein, der man am liebsten aus dem Weg geht, die zäh und lähmend ist und nach Erledigung das Gefühl einer Erleichterung bringt – so als hätte man einen schweren Koffer abgestellt.

Arbeitsfreude

Frederick Herzberg und nach ihm und mit ihm andere haben in immer neuen Forschungsansätzen versucht zu klären, warum manche Menschen (oder manche Menschen manchmal) Zufriedenheit in ihrer Arbeit erleben und andere (oder dieselben zu anderen Zeitpunkten) über einen Mangel an Zufriedenheit in der eigenen Arbeit klagen.

Menschen verschiedenster Berufe wurden gebeten zu beschreiben, in welchen Situationen Arbeitszufriedenheit vorlag und in welchen nicht.

Zufrieden mit dem, wie wir unsere Zeit verbringen, speziell die Arbeitszeit, sind wir

- wenn wir etwas leisten,
- wenn unser Tun zur Kenntnis genommen wird (was mit Feedback – auch mit Kritik – und nicht mit Lob zu tun hat),
- wenn wir ebenfalls Feedback über das Ergebnis der eigenen Arbeit erhalten,
- wenn die Arbeit nicht stupide ist, sondern uns fordert,
- wenn wir Verantwortung für die eigene Arbeit und für die Gestaltung der Arbeitszeit haben.

Wichtig ist, dass diese fünf Faktoren allesamt in einem engen Bezug zum eigenen Tun stehen. Bei ihnen ist der produktive Teil unseres Menschseins angesprochen.

Arbeitslust

Keine Zufriedenheit mit der Arbeit stellte sich aufgrund der folgenden Faktoren ein:
- Verwaltungsvorschriften (gleich ob gut oder schlecht)
- Führungsstile
- zwischenmenschliche Verhältnisse am Arbeitsplatz
- Arbeitsbedingungen

Dieses »Drumherum« der Arbeit hat wenig Einfluss auf Arbeitszufriedenheit – aber großen auf Arbeitsunzufriedenheit. Sind die Rahmenbedingungen der Arbeit schlecht, erzeugen sie Unzufriedenheit. Sind sie gut, kommt es zu einem Verschwinden von Unzufriedenheit, aber nicht – und dies ist wichtig! – zu Zufriedenheit.

Rahmenbedingungen

Und das für die meisten Menschen relevanteste Thema, Geld, gehört eigentlich ebenfalls in die zweite Aufzählung. Es nimmt aber insofern eine Sonderstellung ein, als es sehr kurzfristig zur Zufriedenheit beiträgt, dann aber in seiner »Motivationskraft« gegen null strebt und sich danach auf die negative Seite schlägt.

Gehalt

Wir gewöhnen uns schnell an eine Gehaltserhöhung, und jede Bezahlung, gleich in welcher Höhe, wird dann rasch als »zu gering« angesehen.

Zufrieden machen kann daher nur die Arbeit selbst. Und die Freiheit, die eigene Arbeitszeit auch selbst gestalten zu können, gehört dazu.

Gehen Sie noch einmal die Liste auf Seite 61 durch. Wo haben Sie Zeitprobleme? Vermutlich nicht bei den Tätigkeiten und Aufgaben, die zur Arbeitszufriedenheit beitragen. Und bei den Rahmenbedingungen der Arbeit vermutlich nur dann, wenn Sie aus innerem Protest gegen sie und gegen die Bezahlung »geblockt« haben.

Eine neue Arbeitsmoral setzt sich durch

Wesentliche Prinzipien eines guten Zeitmanagements stellen zugleich die Grundbestandteile einer sich neu ausbildenden Arbeitsmoral dar:

1. **Erfolg durch »Funktionslust«**
   Nur was ein Mensch wirklich kann – oder wirklich können will –, macht er gern. In diesen Fällen wird auch eine extrem hohe »Arbeitslast« eben nicht als »Belastung« empfunden, sondern als eher spielerisches Ausleben eigener Talente und Fähigkeiten. Nur so sind Höchstleistungen von Genies wie Mozart oder Edison, sind mehr als ein halbes Tausend Kompositionen und mehr als 1.000 Patente erklärbar. Durch »Motivationsstrategien«, durch materielle Anreizsysteme oder aber durch tatsächlichen oder psychologischen Zwang oder Manipulation wären solche Leistungen schlicht undenkbar. Hier, wie auch bei der Leistung weniger genialer Menschen, wird die Grenze zwischen Arbeit und Freizeit überschritten.

   Motivationsstrategien

2. **Erfolg durch optimistische Arbeitseinstellung**
   Eine pessimistische Antwort auf negative Erfahrungen bedeutet nämlich, sich selbst zu lähmen.
3. **Erfolg durch eine »kreative« Grundhaltung**
   Im Sinne der Psychologin Ellen Langer geht es hier um eine eher »meditative« Einstellung zu der Aufgabe, die zu bewältigen ist. Sich in dieser Weise für die Realität zu öffnen, statt Informationen aus der Umwelt durch den »Beton im eigenen Kopf« auszublocken, lässt innovative Arbeitsstrategien wie auch innovative Arbeitsprodukte wahrscheinlicher werden. Diese meditative Einstellung führt zu

   Innovative Arbeitsstrategien

4. **Erfolg durch »kreative« Zielbestimmungen**
   Ein einmal festgelegtes Ziel mit Hartnäckigkeit zu verfolgen ist in aller Regel die zweitbeste Strategie. Zielbestimmungen sagen nämlich zumeist noch nichts über den Weg zum Ziel aus (siehe 2. Schritt, Seite 13 ff.). Durch Beschreiten eines bestimmten Weges wird immer nur die Möglichkeit geschaffen, ein Ziel realistischer einzuschätzen und Schwächen in der Zielbestimmung zu erkennen. Wer an dieser Stelle mental flexibel ist, wird sich vernünftigere Ziele setzen, mit anderen Worten, er wird besser »zielen« können.

5. Auflösen von Energieblockaden

Entspannung, Spiel, Urlaub und Freizeit können ein wesentlicher Beitrag zu besseren Arbeitsergebnissen sein als das ständige geistige und physische Verharren bei der Arbeit (siehe 31. Schritt, Seite 126 ff.). Ebenso strahlt körperliche Fitness in positiver Weise auf die geistig-seelische Fitness aus.

Entspannung und Spaß an der Arbeit

Zusammengefasst: Die »neue Arbeitsmoral« zeichnet sich aus durch zwei Grundhaltungen eines Menschen zu seiner Arbeit, die zusammenkommen müssen: die Vereinigung von »work« und »play«.

16. Schritt

Der Unterschied zwischen Zwang und Pflicht

Balance zwischen Selbstdisziplin und Flow

Wenn entweder nur Selbstdisziplin oder nur Flow allein die Zeitpläne bestimmen, führt dies in aller Regel zum Scheitern. Beide in die Balance zu bringen führt zum Erfolg. Diese Balance wird erreicht durch ein neues Verständnis von Pflicht.

Warum organisieren manche Menschen ständig an sich selbst, an ihrem Leben, an ihrem Arbeitsplatz herum – und kommen dennoch zu keinen wirklichen Lösungen? Eine der Antworten auf diese Frage lautet: Sie fliegen wie die Bienen von Baum zu Baum und naschen, wenn nicht am Honig, so doch am bitteren Gift der Probleme. Sie beschäftigen sich eine Weile mit einer Sache, führen sie einer Lösung zu, aber sie durchdringen die Probleme nicht wirklich.

Sie verstoßen dabei gegen einen prägnanten Satz, den einer der erfolgreichsten Menschen unserer Tage, der Show-Star Cher, mit den Worten formuliert hat: »Im Leben gibt es keine Generalprobe.«

Die Menschen leben meist im Konjunktiv. Es hätte, es könnte, es würde, es sollte – das ist die Lebensleitlinie –, und sie halten sich alle Optionen offen. Denn wenn jemand sagt: »Dies ist« – dann sagt er zugleich, dass an vielen anderen Stellen etwas für ihn nicht existiert. Da bleibt man gern beim »Es könnte sein«.

»Liebst du blonde, schwarze oder brünette Frauen?« wird der Seemann Hein in einem alten Witz gefragt. Seine Antwort lautet: »Ja.«

Lebenserfolg

Hein, die Witzfigur eines Seemanns, mag ein Macho sein, »toughness« aber besitzt er nicht. Denn »tough« sein heißt Härte zeigen, auch gegen sich selbst. Sehr viel mehr über diese Haltung können wir lernen, wenn wir uns noch einmal aus anderer Warte vorstellen, was Pflicht bedeutet. Auch hier hilft uns ein englischer Begriff weiter: »commitment«, was besagt: »sich selbst auf etwas verpflichten«. Es geht dabei nicht um abstrakte, sondern um sehr konkrete Dinge, um Lebenserfolg, der manchmal in Bargeld zählbar ist.

Sich selbst zu etwas verpflichten

Eine große amerikanische Firma, die mehrere tausend Vertreter beschäftigt, beauftragte in diesem Zusammenhang ein Team von Psychologen, jene Merkmale herauszufinden, die zum Erfolg im Vertreterberuf führen. Herausgekommen ist eine der klassischen Studien der Betriebspsychologie. Sie hatte ein bemerkenswertes Ergebnis: Kein einheitliches psychologisches Merkmal schälte sich für den Vertretererfolg heraus, weder Alter noch Geschlecht, noch Beredsamkeit, noch Überzeugungskraft oder dergleichen mehr. Erfolgreich waren jene Vertreter, die

1. beim Kunden waren, wenn sie sich angekündigt hatten, und
2. nach dem Vertreterbesuch noch einmal per Telefon »nachgehakt« haben.

   Also:

   - Es gibt einen Job.
   - Wer ihn macht, muss bestimmte Dinge tun.
   - Und wer diese Dinge tut, der hat Erfolg. Der erfolgreiche Vertreter ist der, der seinen Job ordentlich macht.
   - Wer seine Kunden besucht,
   - ihnen die Produkte der Firma vorstellt,
   - die Kundenwünsche abfragt,
   - sich einen Auftrag abholt oder

Erfolg bei der Arbeit

- bei Absage ohne persönliches Beleidigtsein weiterzieht,
- und wer sich durch Misserfolg nicht entmutigen lässt, sondern
- noch einmal nachhakt, der hat Erfolg. Man muss nur das tun, was man tut. »Do what you do while you are doing it«, sagen die Amerikaner.

Anstehende Aufgaben annehmen und handeln

Um ein Bild zu gebrauchen: Man darf sich mit seinen Aufgaben im Leben nicht nur verloben (und den Verlobten dann »parken«, um zu schauen, was es sonst noch für Heiratskandidaten gibt), sondern man muss seine Aufgaben heiraten. Wer eine Aufgabe heiratet, entscheidet sich für sie und entscheidet sich zugleich gegen viele andere Dinge im Leben. Heiratsverträge und Arbeitsverträge werden mit anderen Menschen geschlossen. Wichtiger aber ist, dass Sie Ihre Abmachungen vor allem mit sich selbst schließen. Macht haben Sie nur über sich selbst, über andere Menschen nie. Belügen Sie sich nicht. Bleiben Sie den Aufgaben treu, den wenigen, die Sie eingeplant haben und wirklich ausführen können.

Abklären, was man will

Wenn Vereinbarungen mit anderen Menschen in ihrem Kern als eine Selbstverpflichtung angesehen werden, bieten sie eine große Hilfe für das Leben. Bevor man sie trifft, ist abzuklären, was man selbst will.

Die eigene Zielsetzung bestimmen

Viele Menschen werden 50 oder noch älter und wissen immer noch nicht, was sie tun werden, wenn sie einmal erwachsen sind. Immer noch suchen sie nach einer fürsorgenden, nährenden Mutter, nach einem starken allwissenden Vater. »Was will ich« lautet die Kernfrage. Nicht:

- Was soll ich?
- Was muss ich?
- Wozu lasse ich mich zwingen?
- Was bekomme ich, wenn ich dies und jenes tue?
- Wozu kann ich andere Menschen verleiten oder gar auch zwingen?
- Wie kann ich meine kindlichen Machtwünsche ausleben?

»Was will ich?« Will ich Menschen besuchen, ihnen Produkte vorstellen und sie zwei Tage später noch einmal anrufen? Will ich dies gern? So einfach lassen sich die Kernfragen des (Berufs-)Lebens formulieren, wenn man hart an der Realität bleibt, statt sich seinen Phantasien hinzugeben.
Und wenn ja, dann geben Sie 100 Prozent, ohne sich auf Grund von Eigenschaften des Jobs oder von anderen Menschen von diesem Weg abbringen zu lassen. Das ist das Prinzip, aus dem mitmenschliche Kompetenz erwächst.

Nicht vom Weg zum Ziel abweichen

In seiner Pflicht aufgehen

Wenn Sie »toughness« und »flow« in einem Wort zusammenfassen wollen, dann in dem Begriff »in seiner Pflicht aufgehen«. »Pflicht« ist ein Wort, das viele Menschen ungern hören, denn es erweckt Erinnerungen an eine unliebsame Art des Deutschtums. Deshalb hilft vielleicht auch hier wieder ein englisches Wort weiter: »challenge«.
Eine Aufgabe wird als Herausforderung angesehen – auch wenn sie an uns herangetragen wird (also nicht nur, wenn sie unserer eigenen Lust und Laune entspringt). Unter solcher Pflicht nicht zerbrechen, sie nicht wie ein Roboter oder mit zusammengebissenen Zähnen zu erledigen, sondern in liebevoller Zuwendung darin aufgehen – das ist gemeint.

Arbeit als Herausforderung akzeptieren

Beispiele gibt es viele. Suchen Sie sich aus Ihrem Leben eins heraus, auch wenn es Ihnen noch so gering erscheint. Behalten Sie es als Beispiel dafür, wie Sie auch diejenigen Lebens- und Arbeitsbereiche, in denen Sie sich nicht so gut aufgehoben fühlen, ausformen sollen. Ihr Beispiel ist:

____

____

____

____

____

____

Beispiele geglückter Akzeptanz

17. Schritt LIEBEN SIE IHRE ZEITPROBLEME

Zeitprobleme sind ein Signal

So, wie man seine Zeit lieben sollte, sollte man auch seine Zeitprobleme lieben. Zeitmanagement-Probleme sieht man zwar meist als Störfaktor an, der möglichst schnell beseitigt werden sollte – ähnlich wie Hausmann oder Hausfrau einen Fleck wegwischen. Wenn das klappt, ist alles gut. Wenn aber die Wisch-und-weg-Methode kleine Zeitprobleme nicht beseitigt, dann sind sie Zeichen für große seelische Probleme. Wer trotz Wecker oft gehetzt oder zu spät zur Arbeit kommt – dem zeigt dieses kleine Zeitproblem, dass er vielleicht am liebsten gar nicht zur Arbeit gehen will. Was tun?

> **In diesem Kapitel** finden Sie Rat, wenn Sie einmal richtig down sind, weil kein Zeit- und kein Selbstmanagement mehr »greifen«. Sie können dieses Kapitel jetzt überspringen, aber Sie wissen, dass Sie hier Hilfestellung erhalten.

Wenn wir aufhören, unsere Zeitprobleme zu bekämpfen, und sie in liebevoller Achtsamkeit erst einmal als gegeben akzeptieren, machen wir einen wichtigen Schritt. Die Probleme können uns dann nämlich etwas Wichtiges sagen: Entweder sind wir selbst nicht »okay«, oder aber die Arbeit oder die Rahmenbedingungen unserer Arbeit (siehe 15. Schritt, Seite 72) sind nicht in Ordnung.

Druck durch Schuldgefühle und Vorsätze

Da wir an der Arbeit selbst und den Rahmenbedingungen nur wenig ändern können, versuchen wir meist, uns selbst zu ändern. Ausgangspunkt dieser Selbstmanagement-Bemühungen sind Schuldgefühle. Zum schlechten Gewissen kommen gute Vorsätze hinzu. Und um die Vorsätze (endlich!) einzuhalten, machen wir uns Druck. Ist das der Weg?

Hören Sie auf, sich selbst Vorwürfe zu machen

Viele Menschen laufen mit einem schlechten Gewissen herum (meist sind es die falschen). Es gibt ja Menschen, denen man gern ein schlechtes Gewissen wünschen würde, aber die, die eins haben, laden sich zu vielen Plagen des Lebens meist nur noch eine weitere auf. Zu viel Druck, den wir uns machen, führt zu Stress und zu negativen Folgen für unsere Arbeitsproduktivität. Und wer unproduktiv arbeitet, verschwendet Zeit.

Schlechtes Gewissen

> **Schuldgefühle** sowie ein schlechtes Gewissen können uns manchmal zu produktiver Nutzung unserer Zeit verhelfen. Dies allerdings nur dann, wenn (siehe 2. Schritt, Seite 15 f.) sie uns
> - ein klares Ziel aufzeigen,
> - die Mittel und Wege zum Erreichen dieses Zieles weisen und wenn sie zudem noch helfen,
> - das geeignete Maß an Kraft zu mobilisieren und einzusetzen (siehe 8. Schritt, Seite 31 f.).

Leider zeigt die Erfahrung, dass Schuldgefühle selten bei den nötigen Veränderungen helfen, sondern sich eher als »Bremsen« für eine Wende im Leben, auch im Arbeitsleben, erweisen. Der Grund: Schuldgefühle führen meist zu einer pauschalen Abwertung unserer Leistungen, ja sogar unseres Wertes als Mensch. Also:

Schuldgefühle hemmen

- zu einer nur pauschalen Zielbestimmung, bei der auch
- Mittel und Wege pauschal bleiben und
- Kräfte unproportional mobilisiert werden.

Typisches »Produkt« von Schuldgefühlen ist ein Vorhaben wie »Ich muss alles anders machen« oder »Ich muss ein anderer, ein besserer Mensch werden« oder »Ich darf nie wieder in diese Situation kommen« etc. Das kann man wollen, aber nicht umsetzen.

Unser Verstand betrügt uns

Auf unserer ewigen Suche nach Erklärungen und Sinn spielt zudem unser Verstand (siehe 11. Schritt, Seite 40 ff.) oft eine ungute Rolle. Unser Verstand hält für unser Verhalten und unser Erleben ständig Gründe parat.

- Warum rauche ich? Weil ich es mir einfach nicht abgewöhnen kann.
- Warum trinke ich? Weil mich jemand eingeladen hat.
- Warum komme ich zu spät? Weil so viel Verkehr war (als ob zu den Zeiten, zu denen man immer zu spät kommt, jemals wenig Verkehr wäre).

Aus welchen Gründen haben Sie manchmal Probleme mit der Pünktlichkeit?
Weil ______________________________
Weil ______________________________
Weil ______________________________
Weil ______________________________
Weil ______________________________

Die drei Gründe des Zeitmanagements

Was stecken für Gründe hinter diesem »Weil«? Leiten sich aus ihnen direkt »die großen drei« des Zeit- und Selbstmanagements ab (klares und erreichbares Ziel; klare Wege und Mittel; ein sinnvolles und motivierendes Maß an Energie)? Oder dienen die Gründe vor allem dazu, das nagende Gewissen zu besänftigen? Das bringt Erleichterung momentaner Seelenqualen. Dies ist gut, denn es verhilft uns zu der empfohlenen »Wurstigkeit«. Es verführt aber leider auch zu pauschalen guten Vorsätzen – was langfristig die Lösung von Zeit- und Selbstmanagement-Problemen verhindert.

Noch schlimmer ist es mit unseren Schuldgefühlen, denn sie enthalten neben einem Plädoyer zugleich auch eine Bitte: »Ich kann nicht nur den Grund für einen Fehler angeben, ich bedauere ihn auch. Ich werde diesen Fehler abstellen. Sei mir nicht böse.« Dieses »Sei mir nicht böse« kann sowohl an einen anderen Menschen adressiert sein als auch – in einem Selbstgespräch – an uns selbst. Wieder ist damit in den meisten Fällen das »Ende der Fahnenstange« erreicht: Es gibt

Erklärungen, die den Verstand befriedigen. Es gibt Zukunftsprognosen, dass alles anders und besser würde. Gefahr erkannt, Gefahr gebannt. Die Sache kann somit eigentlich auf sich beruhen.

Unergiebige Analyse der Gründe

Wenn das Problem einfach und einer simplen Lösung zugänglich ist, könnte alles in Ordnung sein. Bei komplexen Problemen – und Verhaltensänderung ist extrem komplex – wird durch Analyse der Gründe und Schuldgefühle jedoch in den meisten Fällen gar nichts gelöst.

Fragen Sie sich doch einmal selbst, welche Probleme Sie in Ihrem Leben aufgrund von Schuldgefühlen gelöst haben:
1. ______________________________
2. ______________________________
3. ______________________________
4. ______________________________
5. ______________________________

Schuldgefühle: keine Lösung

Bekommen Sie fünf Beispiele zusammen? Machen Sie jetzt noch die Gegenprobe:

Wo gibt es Probleme in Ihrem Leben, über die Sie bereits Schuldgefühle empfunden haben und die Sie trotzdem nicht gelöst haben:
1. ______________________________
2. ______________________________
3. ______________________________
4. ______________________________
5. ______________________________

Ergebnis: »Wer sich schuldig fühlt, wird es wieder tun«, hat der amerikanische Psychologe Dr. Ron Smotherson einmal gesagt. Schuldgefühle richten unsere Geisteskräfte auf das Negative und nicht auf das Positive, das Konstruktive. Deshalb sind Schuldgefühle Zeitverschwendung. Geben Sie ihnen eine Stunde am Tag oder eine Stunde in der Woche. Vereinbaren Sie mit sich selbst:

Schuldgefühle schwächen

- Täglich zwischen 17 und 18 Uhr oder
- jeden Montag zwischen 17 und 18 Uhr

ist ab jetzt die Zeit für Sorgen und Gram. Danach aber ist Schluss mit den Schuldgefühlen!

Das Positive sehen

Konzentrieren Sie sich nicht auf Ihre Schwächen, sondern vielmehr auf Ihre Stärken.

Welche fünf Zeitprobleme haben Sie auf diese Weise erfolgreich gelöst?
1. ______
2. ______
3. ______
4. ______
5. ______

Fangen Sie einfach mal an

Bauen Sie darauf auf. Leben Sie heute schon – wann immer es geht – so mit Ihrer Zeit, wie Sie es einmal tun wollen: kein Stress, keine Hetze, Zeit zur Besinnung, klare Trennung von Arbeits-, Frei- und freier Zeit.

Lieben Sie Ihre Probleme!

Versuchen Sie, eine neue Sicht auf die unangenehmen Seiten des Lebens zu entwickeln – erst einmal nur als theoretische Übung:

- Vergessen Sie, dass Probleme unangenehm sind.
- Vergessen Sie alle Lösungen, mit denen Sie ein Problem

aus der Welt schaffen könnten, und fragen Sie sich stattdessen: Warum habe ich ein Problem? Das führt zu einer wichtigen Erkenntnis:

Probleme sind so etwas wie die Zahnschmerzen der Seele. Sie wollen uns etwas sagen und darauf hinweisen, dass etwas Grundlegendes nicht stimmt. Und jetzt kann man zwei Wege gehen:

- den Schmerz betäuben und
- die Schmerzursache beseitigen.

Einen Schmerz zu betäuben kann kurzfristig helfen, beseitigt jedoch nicht dessen Ursache. Also müssen Sie sich fragen: »Woher kamen meine seelischen Zahnschmerzen, z. B. mein stetiges Zuspätkommen, in Wirklichkeit?«

Vielleicht kommen sie daher, dass Sie einen Chef haben, der Ihnen das Leben zur Hölle macht, und Sie deshalb morgens gar nicht aufstehen »wollen«.

Angenommen, die Analyse stimmt, dann müssen Sie Ihr Verhältnis zu Ihrem Chef bereinigen, um morgens früher aufzuwachen. Wenn Sie das tun, dann brauchen Sie auf einmal keinen Wecker mehr.

Lieben Sie Ihre Probleme! Sie wollen Ihnen etwas Wichtiges über Ihr Leben sagen. Wischen Sie die Probleme nicht durch schnelle Lösungen vom Tisch.

Probleme erst mal annehmen

Hören Sie auf, sich zu schinden und zu quälen

Irgendetwas läuft im Leben der meisten Menschen schief. Durch Selbstzweifel wird nichts davon besser laufen.

Keine Selbstzweifel hegen

Die beste Arbeits- und Leistungsmotivation haben Menschen als Kleinkinder. Beobachten Sie einmal ein Kind im Kindergartenalter oder noch früher, wie es sich Dinge erarbeitet. Wie es die Sprache lernt in immer wieder neuen Ansätzen, wie es gehen lernt. Mit wie viel Freude, Ausdauer, Motivation und Konzentration ist ein Kind hier bei der Sache. Und vergleichen Sie dessen Motivation mit jener Haltung, mit der sich viele Erwachsene durch den Arbeitstag quälen. Was ist schief gelaufen? Wohin ist die jedem Menschen angeborene Leistungsmotivation verschwunden?

Wichtigste Ursache ist früh anerzogenes Konkurrenzdenken (siehe 21. Schritt, Seite 100 f.). Das beginnt bereits im Kindergarten – angeleitet von überambitionierten Eltern, die wollen, dass ihr Kind alles ein bisschen früher kann als andere. In der Schule werden Kinder dann endgültig zu »Einzelkämpfern« gemacht. Jeder wird für sich benotet, jeder soll sich einen Leistungsvorteil vor seinen Klassenkameraden schaffen.

Hemmschuh: Leistungskonkurrenz

Konkurrenzdenken ist einer der größten Zeitdiebe. An der Oberfläche ist man kollegial. Hinter dieser Fassade aber läuft ein zeitraubendes Programm ab: Kann ich dem anderen trauen? Was muss ich tun, um den anderen auszuspielen? Wie kann ich mich besser in Szene setzen?

Betriebspsychologische Studien haben ergeben, dass berufstätige Männer etwa 40 Prozent ihrer Zeit am Arbeitsplatz auf dieses Konkurrenzprogramm verwenden (Frauen übrigens deutlich weniger!).

18. Schritt Zeitmanagement ohne Angst

Versteckte Ängste

ϟ **Blitztest: Hat sich bei Ihnen Angst eingeschlichen?**		
Arbeiten Sie zu viel?	❑ ja	❑ nein
Leisten Sie das, was Sie wollen und/oder müssen, viel zu selten in der dafür von Ihnen vorgesehenen Zeit?	❑ ja	❑ nein
»Verfolgt« Ihre Arbeit Sie manchmal noch im Schlaf?	❑ ja	❑ nein
Denken Sie an Ihre Arbeit, wenn Sie essen, mit der Bahn oder mit dem Auto unterwegs oder mit Freunden zusammen sind?	❑ ja	❑ nein
Fühlen Sie sich bei der Arbeit manchmal »wie gelähmt«? Sitzen Sie dann einfach nur im Leerlauf herum?	❑ ja	❑ nein

Oder machen Sie etwas mit großer Aktivität – aber wissend, dass es nicht das Richtige und das Wichtige ist?	❑ ja	❑ nein
Erscheinen Ihnen Ihre Zeitprobleme umso leichter lösbar, je weiter Sie von Ihrer Arbeit entfernt sind (räumlich und/oder gedanklich weit weg)?	❑ ja	❑ nein

Jedes angekreuzte »Ja« bei diesem Blitztest ist ein Zeichen von Angst. Es ist leider grundsätzlich sehr schwer, Angst bei sich selbst zu erkennen. Sie äußert sich ja nicht unbedingt durch »Bibbern«, sondern schleicht sich unbemerkt in die Psyche, ins Leben ein: wie Stress.

Angst schleicht sich ein

Da uns Angst lähmt und deshalb Zeit stiehlt, wollen wir uns etwas intensiver mit Angst beschäftigen, denn das Ausschalten versteckter Angst kann Ihnen tatsächlich viele Wochenstunden schenken.

Stellen Sie sich vor, Sie sind Sprengmeister. Ihr Job besteht darin, eine Bombe zu entschärfen. Und das machen Sie eigentlich wirklich gerne. Bomben zu entschärfen ist Ihr Leben, ist Ihre Art, Geld zu verdienen, und Ihre Art der Selbstverwirklichung. 100 Meter weit weg von der Bombe sind Sie in sicherer Entfernung. Ihnen kann nichts passieren. Aber Sie können nichts tun.

Viele Pflichten – und besonders die unangenehmen – sind durchaus mit solch einer Bombe vergleichbar. Je mehr man sich ihnen nähert, desto unangenehmer werden sie. Je sicherer der Abstand zu einer Pflicht ist, desto leichter erscheint die Aufgabe.

Anziehungs- und Abstoßungskräfte von Pflichten

Der Psychologe Curt Lewin spricht von einem »Appetenz-Aversions-Konflikt«. Pflichten (gerade die unangenehmen) enthalten Appetenzkräfte (»Anziehungskräfte«), da wir ihnen ja nachkommen wollen. Sie enthalten zugleich aber auch Aversionskräfte (»Abstoßungskräfte«), denn sie erzeugen zugleich auch Widerwillen oder Angst (»Die Bombe könnte explodieren«, »Ich könnte mich bei der Arbeit blamieren« etc.).

Wir nähern uns deshalb den unangenehmen Pflichten oft nur ein Stück, d. h. bis zu dem Punkt »seelisch sicherer Entfernung«; das ist der Punkt, an dem sich Anziehungs- und Abstoßungskräfte die Waage halten.

Und dort verharren wir, denken nach, tun ein bisschen was, entwickeln Hunger, machen Arbeitsvorbereitung statt wirklicher Arbeit etc. Das kostet Zeit. Viel Zeit. Und ähnlich viel Zeit kann es kosten, wenn wir uns zwischen zwei Aktivitäten entscheiden wollen oder sollen, die gleich starke Anziehungskräfte auf uns ausüben. Wie kann man in solchen Situationen die richtige Entscheidung treffen?

Eins nach dem anderen erledigen

Indem man erst das eine tut, dann das andere. Hier hilft bei Zeitproblemen der »Aufschiebeplan« (siehe 7. Schritt, Seite 30 ff.). Kommt Angst hinzu, muss diese auf jeden Fall gemildert werden.

Angst kommt aus Erfahrung. Doch sie geht zum Glück aber auch wieder, wenn man andere, gegenteilige Erfahrungen gemacht hat.

Ein gutes, bewährtes Mittel gegen Angst »vor Ort«, also in einer konkreten Situation, ist eine andere Körpererfahrung: Entspannung.

Die progressive Muskelrelaxation

Entspannung hilft gegen Angst

Eine erfolgreiche, überall leicht anwendbare Technik ist in diesem Zusammenhang die progressive Relaxation (auch Tiefmuskel-Entspannung genannt). Sie basiert auf dem engen Zusammenhang zwischen emotionaler und muskulärer Anspannung und Entspannung.

Das bedeutet, durch systematisches, willkürliches Anspannen und Entspannen von Muskelgruppen der verschiedenen Körperregionen kommt man nach einer Weile zu einem vertieften Entspannungserleben, das über die muskuläre Ebene hinausgeht.

Bei der Tiefmuskel-Entspannung, der »progressiven Muskelrelaxation« werden nacheinander (deshalb »progressiv«) verschiedene Muskelgruppen im menschlichen Körper entspannt (»relaxiert«).

Progressive Muskelrelaxation

***Beispiel** für die Instruktionen bei der progressiven Muskelrelaxation: »Ziehe jetzt die Augenbrauen fest nach oben, so dass auf der Stirn Querfalten entstehen. Halte die Spannung, beobachte die Spannungsempfindung auf der Stirn – und entspanne wieder. Lass die Stirn wieder glatt werden, gelöst, wie eine glatte, leere Fläche. Du spürst, wie mit der Entspannung der Stirn allmählich die ganze Kopfhaut locker wird. Wiederhole nun die Anspannung. Ziehe die Augenbrauen fest hoch und lass wieder locker. Beobachte die Entspannung der Stirn ...«*

Sie können aufgrund dieses kurzen Instruktionsbeispiels den Effekt selbst nachprüfen (und ihn auch auf andere Muskelpartien übertragen). Diese Übung dauert vielleicht eine Viertelstunde. Wenn Ihnen dann noch negative Gedanken kommen, die Sie von der Arbeit ablenken, hilft der Gedankenstopp (siehe 11. Schritt, Seite 40 f.).
Und die Viertelstunde holen Sie in entspannter Verfassung leicht wieder ein.

Befreien Sie sich von der Hoffnung auf eine bessere Zukunft

Angstabbau – wie eben beschrieben – hilft, in einer konkreten Situation die Bindungen an negative Erfahrungen zu kappen. Seelisch gebunden aber sind wir ebenfalls in unserer Hoffnung auf eine bessere Zukunft. Und diese Hoffnung ist eine der größten Selbsttäuschungen beim Zeit- und Selbstmanagement.

Ein kurzer Abstand zur Arbeit kann helfen

Sie haben einen Job nicht erledigt. Sie gehen essen. Die Arbeit kommt Ihnen wieder in den Kopf, und es wird Ihnen völlig klar, wann und wie Sie den Job erledigen werden. Manchmal braucht man einfach Abstand, um zu sich selbst und so auch besser zur Arbeit zu kommen.
Aber wenn der Abstand nur der »Sicherheitsabstand« ist, den Sie zwischen sich und die »Bombe« legen, dann wird die lähmende Angst wieder zurückkehren, wenn Sie sich der

Arbeit nähern. Und Ihre Hoffnung stellt sich als Selbstbetrug heraus. Nur im »Hier und Jetzt«, in der Gegenwart, können wir etwas leisten und verändern. Die Vergangenheit mit ihren Erfahrungen stört dabei ebenso wie die Zukunft mit ihren Hoffnungen. In der Gegenwart müssen wir agieren, in der Realität. Und dabei, auch die trügerischen Zukunftshoffnungen für einen Moment einfach auszuschalten, helfen ebenfalls Entspannung und Gedankenstopp.

In der Gegenwart leben

19. Schritt

Planen Sie, aber verplanen Sie sich nicht

Eigentlich müssten Terminkalender verboten werden. Sie sind die Aufforderung zum Betrug, was nur deshalb nicht strafbar ist, weil es sich um Selbstbetrug handelt. Und wer will die Menschen daran hindern?
Jedes Jahr am Jahresende kauft man sich einen neuen Terminkalender. Das nächste Jahr liegt graphisch attraktiv gestaltet, übersichtlich und wohl geordnet vor einem. Jetzt muss man nur noch alles reinschreiben und das dann auch tun.

Die Lösung: die meisten Zeitpläne wegwerfen

Wo liegen Betrug und Selbstbetrug? In den folgenden Faktoren z. B., die aus dem Planen ein »Verplanen« machen:

- Ihre Zeit ist weitgehend nicht planbar. Äußere Faktoren bestimmen stärker als Sie selbst, was Sie zu einem bestimmten Zeitpunkt tun.
- Selbst wenn Sie während eines Tages größere Zeitstrecken von mehreren Stunden zu Ihrer freien Verfügung haben, sollten Sie nicht jede Minute verplanen, um möglichst viel in den Tag hineinzuquetschen. Denn dieses Planen braucht selbst sehr viel Zeit, und der Selbstbetrug liegt darin, dass man gerade bei unangenehmen Arbeiten glaubt, sich durch die »Planung« schon mal mit der Materie zu beschäftigen, d. h., man selbst bekommt schon mal das Gefühl, dass man mit der Sache angefangen hat.

Sich nicht verplanen

- Viele Terminkalender haben zwar Uhrzeiten vorgegeben. Es fehlt neben der Anfangszeit aber häufig die Endzeit, und die entzieht sich meist Ihrer Kontrolle. Es sei denn: Sie legen sie fest. Dazu gibt es aber kein Schema.
- Etliche Terminkalender haben zwar eine Rubrik wie »heute wichtig«. Aber es fehlt das Schema, in dem man die wichtigen Dinge nach Prioritäten ordnen kann.
- Verschiedene Terminkalender sehen zudem keine Rubrik für Standardarbeiten vor. Unser Arbeitstag besteht aber zumeist aus solchen Routinetätigkeiten wie Tagespost ansehen und Pflichtanrufe machen. Und die sind oft wichtiger als die »wichtigen Dinge«. Das verleitet zu dem Glauben, man könne die Pflicht gerade mal nebenher erledigen und müsse eigentlich nur die »Kür« im Auge behalten.

Routinetätigkeiten werden oft übersehen

Die meisten Menschen planen ihre Zeit, ihre seelische Energie, Interessen, Motivation und körperlichen Kräfte und alles, was sonst noch in einen Arbeitstag einfließt, unrealistisch. Sie erwarten von sich selbst, problemlos und geräuschlos zu funktionieren wie eine Maschine.

Realistisch planen

Sie machen dabei den typischen Fehler jeder Planwirtschaft: Sie verplanen sich selbst und andere Menschen, ohne die wirklichen Lebensbedürfnisse – die fremden wie die eigenen – in die Pläne einfließen zu lassen. Deshalb funktionieren diese Pläne auch nicht.

Trotzdem machen manche Menschen diesen Fehler über Jahre und Jahrzehnte. Sie haben Tausende von Stunden geplant, Tausende von Mark für Kalender ausgegeben. Wofür? Für das fein säuberliche Notieren von Terminen, die nicht eingehalten worden sind.

Menschen sind nicht absolut planbar

Der wahre Sinn von Zeitplanungen

Planen ist eine unserer wichtigsten, aber auch eine unserer schwersten Aufgaben. Die ganze Vielfalt von Menschen, Aufgaben und Ereignissen soll in ein Zeitbudget gepackt werden – das ist das Ziel jeder Planung. Und das ist ein unrealistisches Ziel.

Es gibt Grenzen der Planbarkeit

Jeder Mensch, der glaubt, alle Zufälligkeiten aus dem Leben oder auch nur aus dem Arbeitstag herausplanen zu können, täuscht sich. Dennoch ist es wichtig, Pläne aufzustellen, denn ansonsten widmet man seine Zeit den Dingen zu stark, die aus dem Bauch heraus kommen oder die sonstwie unkontrolliert auf dem Schreibtisch landen oder uns über Fax oder Telefon oder sonstwie erreichen.

Wichtig! Das sollten Sie beachten:

Zeitplanung

Was Zeitplanung bedeutet

- ist also erst einmal ein Schutzmechanismus, ein Selbstschutz. Wir müssen Sicherheit haben, dass wir uns im Alltag mit seinen vielen Aktivitäten nicht verlieren.
- ist vor allem aber eine Standortbestimmung – und nicht etwa die Festlegung der Zukunft.
- ist ein Blick in den Teil der Zukunft, der bereits heute bekannt ist. Einfacher gesagt: Wir müssen vor allem Zeit ausblocken, die bereits vergeben ist, damit wir sie nicht doppelt verplanen.
- ist **optimistisch.** Wir dürfen vom Optimum ausgehen, d. h. den günstigsten Fall annehmen. So finden wir Freiräume.
- ist aber auch **pessimistisch.** Wir müssen mit dem Schlimmsten rechnen. Das schützt uns vor leichtfertigem Umgang mit der zukünftigen Zeit. Eine gute Regel dabei lautet: Plane für die Zukunft nie etwas, was du nicht schon heute erledigen könntest. Denn woher nimmst du den Glauben, dass du morgen mehr Zeit hast als heute? Und vom günstigsten und schlimmsten Fall gelangen wir zu einer realistischen Standortbestimmung für den jeweiligen Tag.

Es geht darum, in einigen ruhigen Minuten die grundlegenden Fragen zu beantworten, wo man gerade steht und ob das, was man macht, auch wirklich dasjenige ist, was man gerade machen sollte.

Prioritäten und Meilensteine

Im Anschluss daran werden die Tagesprioritäten festgelegt. Der Zukunft wird dabei maximal im Sinn einer Meilensteinplanung gedacht:

▶ Was ist mein Ziel: ______________________

Es ist zu erreichen am: ______________________

▶ Welche Zwischenziele muss ich auf diesem Weg erreichen?

Zwischenziel 1, zu erreichen am: ________________

Zwischenziel 2, zu erreichen am: ________________

Zwischenziel 3, zu erreichen am: ________________

Zwischenziel 4, zu erreichen am: ________________

Zwischenziel 5, zu erreichen am: ________________

Meilenstein und Zwischenziele

Und morgen wird dieser Schritt wiederholt. Alles andere ist jene Art von Augenwischerei, zu der normale Zeitplaner und Terminkalender verführen.

Ihr Plan darf nicht geordneter sein als Ihre Umwelt

20. Schritt

Wir alle sind auch heute immer noch eher Urmenschen als Uhrmenschen. Leider ist noch nie in der Wissenschaft untersucht worden, wie viel Zeit dadurch verplempert wird, dass man die eigenartigsten Versuche unternimmt, seine Zeit in den Griff zu bekommen.

Perfektion ist nicht das Ziel

Aber: Je perfekter ein Plan ist, desto unrealistischer wird er, weil wir nicht in einer perfekten Welt leben, und desto mehr Zeit geht mit Motivations- und Konzentrationsproblemen verloren. Das gilt für die Wirtschaftswelt ebenso wie für das Privatleben.

Zeitmanagement ist immer »Management des Absurden«

Einen besonders guten Rat gibt der amerikanische Psychologe und langjährige Topmanager Dr. Richard Farson:

Das Chaos ist nicht planbar

- »Meist sind wir im Job auf verlorenem Posten. Unsere Welt ist ein Chaos. Aber nur auf verlorenem Posten lohnt sich der Einsatz.
- Jede Stärke ist zugleich eine große Schwäche. Und wer eine starke Managementtechnik findet, sollte sie sofort wieder aufgeben.«

Logik und Rationalität haben Grenzen

Der Topmanager Farson will die Erkenntnis vermitteln, dass die Paradoxa des Arbeitslebens nicht mit Managementtechniken, Logik und Rationalität in den Griff zu bekommen sind. Zumindest: nicht allein.

Viele Managementtechniken funktionieren nicht, weil sie von einer rational erfassbaren Welt ausgehen, während die Realität immer absurd ist. Und um sich in der paradoxen Welt nicht zu verlieren, stellt er Regeln auf, die dem Gebot »vom Machen zum Sein« folgen. Etwa:

- Wichtig ist, wer wir sind – nicht, was für eine Arbeit wir tun. Die Persönlichkeit zählt, nicht die noch so gut gemeinten Maßnahmen.
- Menschen sind zu uns, wie wir zu ihnen sind. Wen man nicht mag, der wird einen letzten Endes auch nicht mögen – gleich, wie viel Psychotechnik man für den Umgang mit ihm einsetzt.
- Lob motiviert nicht. Wer lobt, begibt sich in die Pose dessen, der andere beurteilen darf. Lob schafft Distanz und nicht etwa Teamgeist.
- Kommunikation löst nicht alle Probleme. Die oft gepriesene offene Kommunikation hat ihre Grenzen, wo es große Statusunterschiede gibt. Weder von unten nach oben noch in der Gegenrichtung löst Offenheit alle Probleme.
- Wer Veränderung von anderen wünscht, sollte keinen Rat geben. Stattdessen: zuhören, den anderen reden lassen – was ungleich schwerer ist, als selbst zu reden.

- Planen nutzt für die Zukunft wenig. Der Sinn von Zukunftsplänen ist, die Gegenwart besser zu verstehen.
- Es ist wichtiger, die Rahmenbedingungen der Arbeit zu ändern, als Menschen zu ändern. Ein gut organisiertes Arbeitsumfeld erzeugt von sich aus, was Motivationsprogramme meist nicht schaffen. Die Situation, in der wir leben und arbeiten, hat einen stärkeren Einfluss als Motivationsprogramme. (Beispiel: Niemand raucht in der Kirche, weil »man« dort nicht raucht.)

Gute Arbeitsbedingungen sind motivierend

- Es ist wichtiger, die Menschen zu lieben, als von ihnen geliebt zu werden. Durch Einsatz von Psychotechniken steigert niemand seine Beliebtheit.

Planung und Ordnung sind für die meisten Arbeiten unversöhnliche Gegensätze

Alle Versuche der Managementwissenschaften, Ordnung in den Tagesablauf von Managern zu bringen, sind in der Praxis gescheitert. Vor einigen Jahren ist man dann auf den ebenso revolutionären wie einfachen Gedanken gekommen, einmal direkt nachzuschauen, was führende Menschen in Wirtschaft und Verwaltung denn eigentlich den ganzen Tag über mit ihrer Zeit anfangen.

Zeitabläufe bei Managern

Einer der ersten Wissenschaftler, der dies getan hat, war der kanadische Managementprofessor Henry Mintzberg. Er hat sich die Mühe gemacht (und die Erlaubnis bekommen), fünf Wirtschaftsführer jeweils fünf Tage lang von morgens bis abends zu beobachten. Was er gesehen hat, hat ihn zur Aufdeckung von drei Fehlurteilen über die Arbeit von Menschen in übergeordneter Verantwortung geführt:

1. Gemeinhin glaubt man, dass Manager reflektierende, systematische Planer seien. Tatsache ist aber, dass ihre Arbeit in atemberaubender Geschwindigkeit abläuft, dass sie charakterisiert ist durch ständigen Wechsel, dass diese Menschen alles andere als reflektiv sind.

Ständiger Arbeitswechsel

2. Weiter sagt Mintzberg: »Man glaubt, ein Manager hat keine regelmäßigen Pflichten zu absolvieren.« Tatsache dagegen ist: Selbst die Obersten der Oberen haben eine

Viele Pflichten

Fülle von Pflichten zu erledigen. Diese Pflichten klingen für »kleinere« Leute zumeist sehr spektakulär: Gespräche mit wichtigen Kunden, Essen, Verhandlungen – aber selbst wenn der Cognac, der dort manchmal fließt, ziemlich edel ist, es sind und bleiben für diese Menschen Pflichten, zeitraubende Pflichten.

3. Drittes Fehlurteil über den Arbeitsalltag dieser Leute: Sie brauchen harte Informationen, die am besten durch »Management-Informations-Systeme« – also durch Computerdatenbanken – aufbereitet werden. Das Gegenteil ist der Fall, wenn man sich ansieht, was sie in ihrer Arbeitszeit tatsächlich tun.

Viele Gespräche

- Sie verbringen zwei Drittel bis vier Fünftel ihrer Zeit mit Gesprächen.
- Die Informationen, mit denen sie arbeiten, sind alles andere als »hart«. Mintzberg berichtet, dass er an einem Samstagmorgen einen seiner Manager ins Büro begleitet hat, wo dieser innerhalb von drei Stunden 142 Briefe durchgesehen und die wichtigsten beantwortet hat.

  Ein einziger dieser zu bearbeitenden Briefe enthielt eine »harte« Information, einen Bericht über Kosten. Den legte er zur Seite mit der Bemerkung: »So etwas sehe ich mir nie an.«

Zukunftsplanung

Warum? Was immer an »harten« Informationen vorliegt, bezieht sich auf die Vergangenheit. Aufgabe von führenden Wirtschaftsleuten – und nicht nur von ihnen – ist es aber, nicht dem Gestern nachzutrauern, sondern die Zukunft vorzubereiten.

So ein Satz könnte wie eine Plattheit klingen, aber erinnern wir uns an das, was wir zu Anfang über Zeit gesagt haben. Wenn sie der Vergangenheit angehört, ist sie unwiederbringlich verloren.

Oft genug muss man Dinge reparieren, die in der Vergangenheit falsch gemacht worden sind, wichtiger ist es aber, dafür zu sorgen, dass in Zukunft die Dinge gleich von Anfang an richtig gemacht werden.

Wir planen »links«, aber wir arbeiten »rechts«

Die Zukunft entdecken wir nicht in »harten« Informationen, sondern in Spekulationen, in Klatsch, im »Hörensagen«, kurz in »weicher« Information.

Wer auch nur ein bisschen Verantwortung trägt, muss seine Zeit damit verbringen, diese »weiche« Information zu absorbieren und sich daraus Stück für Stück ein Bild zu machen. Das aber hat viel mit Intuition und wenig mit logischer Bewertung zu tun.

Intuition ist gefragt

Und jetzt kommen wir dem Kern der Dinge schon ziemlich nahe: Warum funktionieren alle logisch begründeten, systematisch aufbereiteten Planungen, wie man seine Arbeitszeit effektiver und effizienter verbringt, durchweg so wenig? Ganz einfach: Sie entsprechen nicht der Realität, in der wir unsere Zeit verbringen.

Und: Sie entsprechen nicht der Arbeitshaltung, die wir als realistische Menschen entwickelt haben.

Was wir an rationaler Planung leisten können, hilft uns eigentlich immer nur dort, wo auch das Licht der Rationalität hinfällt.

Die meiste Zeit, in der wir arbeiten, »tappen wir aber im Dunkeln«. Wir haben keine harte, klare Information, sondern »weiche« Daten, auf Grund deren wir uns der Zukunft nähern, und diese Daten lassen sich nun mal nicht streng logisch verarbeiten.

Unser »Gefühl« und unsere Intuition sind gefragt. Diese intuitiven Fähigkeiten sind beim Menschen in der rechten Großhirnhälfte angelegt.

Vieles muss intuitiv angegangen werden

Jede Arbeit, die in die Zukunft gerichtet ist, die kreative Aspekte enthält – ja enthalten muss, weil die Ausgangsdaten eben nicht voll schlüssig sind –, wird von der rechten Gehirnhälfte gesteuert.

In der linken Großhirnhälfte hingegen sind unsere »Fähigkeiten« zur Verarbeitung von »harten« Informationen, unser logisches Denkvermögen, angesiedelt. Wenn wir also einen Zeitplan aufstellen, dann ist in erster Linie unsere linke Großhirnhälfte aktiv.

Nur ein kleiner Teil unserer Arbeit folgt aber logisch planbaren Kriterien. Nur ein kleiner Teil unserer Zeit kann rational verplant werden. Der größere Teil unserer Zeit muss intuitiv gestaltet werden, wie das Beispiel von Mintzbergs Topmanager zeigt und wie es für alle arbeitenden Menschen mit großer Wahrscheinlichkeit ebenfalls zutrifft. Daher planen wir »links« und arbeiten »rechts«.

Sich befreien von irrigen Planungsvorstellungen

Mit dieser Erkenntnis ist einiges gewonnen. Wir können uns von manchen Irrlehren befreien. Menschen, die mit ihrer Zeiteinteilung nicht zurechtkommen, neigen in erster Linie dazu, sich Vorwürfe zu machen: »Ich bin disziplinlos, ich kann mich nicht konzentrieren, warum habe ich nur keine Motivation …«

Intuitive intellektuelle Leistung

Die Antwort: Aller Wahrscheinlichkeit nach sind sie nur nicht bereit, ihre intuitiven intellektuellen Leistungen hoch genug zu bewerten.

Im Gegenteil: Sie werten sie ab. Der logische Teil ihres Gehirns dominiert und suggeriert, die Lösung für alle Probleme zu haben, und fordert nach stärkeren Kontrollen, nach mehr Planung – und so wird dann der Teufel mit dem Beelzebub ausgetrieben.

Sie haben nicht nur eine Zeit, sondern viele

Sind Sie so gestresst, wie Sie sich fühlen?

Im zweiten Kapitel haben wir viel darüber gelesen, dass Sie sich bei Zeitproblemen keine Schuld geben sollen. Schuldgefühle rauben kostbare Zeit, weil man sich – statt mit der Arbeit – mit dem eigenen Gewissen beschäftigen muss. Und sie verhindern sogar, dass sich etwas ändert (»Wer sich schuldig fühlt, wird es wieder tun«, hat der amerikanische Psychologe Ron Smotherson gesagt).

Schuldgefühle lenken unseren Blick zudem auf unsere eigene Person, auf Motive, auf Interessen. Sie lenken uns von der Realität ab: von den Rahmenbedingungen, unter denen wir leben und arbeiten. Die Rahmenbedingungen können wir kaum kontrollieren, sie werden uns vorgegeben. Und sie bestimmen sehr viel mehr als unsere Motive, Talente und Interessen. Von ihnen ist es abhängig, ob wir unsere Zeit sinnvoll verbringen.

Rahmenbedingungen

Im dritten Kapitel geht es um diese Rahmenbedingungen; darum, zu erkennen, dass es nicht nur »eine« Zeit gibt, sondern dass Zeit viele Facetten hat.

In dieser Aufzählung wird das übliche Zeitschema – hier Arbeitszeit, dort Freizeit – aufgehoben, da auf dieser Trennung keine sinnvolle Zeitplanung aufgebaut werden kann.

Arbeitszeit contra Freizeit?

Arbeitszeit heißt ja vor allem Zeit der Anwesenheit am Arbeitsplatz, und Freizeit heißt entsprechend: Zeit der Abwesenheit vom Arbeitsplatz. Zeitplanung wäre demnach nicht viel mehr als die Organisation der Präsenz am Arbeitsplatz plus Auflistung einiger Aktivitäten, die nicht zur reinen Routine gehören und die man sich deshalb in den Terminkalender schreibt.

Wirkliche Zeitplanung dagegen ist natürlich mehr, sie ist Ausfüllen der Zeit und nicht Ausfüllen des Terminkalenders. Bei immer mehr Menschen vermischen sich heutzutage jedoch Arbeits- und Freizeit. Zudem kann niemand verhindern, dass ihm außerhalb des Arbeitsplatzes etwas zum Job einfällt. Es lohnt sich deshalb besonders, die Nichtarbeitszeit differenziert zu betrachten. Die Unterscheidung der Zeit in sieben »Zeiten« wird sich dabei als hilfreich erweisen.

Wichtig: Um zu einer vernünftigen Zeitplanung zu kommen, ist es sinnvoll, zwischen sieben Arten von Zeit zu unterscheiden.

1. Produktivzeit (siehe 21. Schritt, Seite 100 f.)
2. Routinezeit (siehe 22. Schritt, Seite 103 f.)
3. Zeit der Aversion in der Arbeit (siehe 23. Schritt, Seite 105 f.)
4. Zeit der Aversion in der Nichtarbeitszeit (siehe 24. Schritt, Seite 106 f.)
5. Freizeit (siehe 25. Schritt, Seite 111 f.)
6. Freie Zeit (siehe 26. Schritt, Seite 112 ff.)
7. Planungszeit (siehe 27. Schritt, Seite 115 f.)

Vor allem geht es darum, aufzuzeigen, wie eng wir – trotz aller Liberalität – in ein Zeitkorsett gespannt sind, wie wenig wir über unsere Zeit disponieren können. Wie der Durchschnittserwachsene seine Zeit verbringt, kann die Wochenübersicht auf der rechten Seite verdeutlichen.

Vernünftige Zeiteinteilung

Das ist jedoch nur ein Durchschnittsschema, persönliche Abweichungen können groß sein. Eine vernünftige Zeiteinteilung sollte jedoch einige Bereiche erweitern (z. B. »Nachdenken und Entspannen«), und das geht, da der Tag eben nur 24 Stunden hat, ausschließlich auf Kosten anderer Bereiche (wie z. B. »Fernsehen«).

Ziel ist es, zu erkennen, wo wir in der Zeit am Arbeitsplatz und in der Zeit außerhalb des Arbeitsplatzes mehr produktive Zeit freistellen können, mehr »Quality Time«.

Wie Menschen die Woche verbringen	
Nach Sozialstatistiken der New University of Maryland verteilen sich die 168 Stunden einer Woche wie folgt:	
Zeitaufwand	**Tätigkeit**
74 Stunden	Essen, Schlafen, An- und Ausziehen, Waschen, Körperpflege
37 Stunden	Anwesenheit am Arbeitsplatz
15 Stunden	Fernsehen
10 Stunden	Teilnahme am Straßenverkehr
6 Stunden	Einkaufen
4,7 Stunden	Besuche machen
4,5 Stunden	Kochen
4,3 Stunden	Reden
3,8 Stunden	Aufräumen
2,8 Stunden	Lesen
2,2 Stunden	Sport, spazieren gehen
1,7 Stunden	Rechnungen bezahlen
1 Stunde	im Garten arbeiten/sich um Haustiere kümmern
1 Stunde	Nachdenken und Entspannen

Zeitbudget einer Woche

Keine Schuld – aber Verantwortung

Im zweiten Kapitel haben Sie nicht nur etwas über Schuld gelesen, sondern auch über Verantwortung. Obwohl unsere Zeit weitgehend fremdbestimmt ist, so entbindet uns dies nicht von der Verantwortung für die Ausgestaltung

Man ist für seine Zeit verantwortlich

- der 24 Stunden des Tages,
- der 168 Wochenstunden,
- der rund 8.760 Stunden eines Jahres.

»Heute ist der erste Tag von dem Rest meines Lebens«, sagt man. Und es ist gleich, wie lange das Leben noch dauert. Der heilige Franziskus von Assisi war beim Rasenschneiden und wurde gefragt, was er denn tun würde, wenn ihm am heutigen Tag ein Engel sagen würde: »Morgen wirst du sterben.« Seine Antwort war kurz: »Weitermähen.« Franziskus hatte sein Leben so gelebt, dass er in seinen Augen daran nichts zu ändern brauchte. Ein schönes Ziel. Ein Weg dorthin führt über die deutliche Trennung unserer unterschiedlichen »Zeiten« am Tag.

21. Schritt — Erkennen Sie Ihre produktive Zeit

Produktive Zeit ist jene Zeit, in der wir »im Flow« (siehe 15. Schritt, Seite 69 ff.) sind und in unserer Arbeit aufgehen. Was immer wir tun, macht uns zufrieden. Wir fühlen uns eins mit uns selbst und eins mit der Welt und den Menschen um uns herum.

Eins sein mit sich selbst

Produktive Zeit während der Arbeit ist jene Zeit, in der wir das, was wir tun, auch tun würden, wenn wir dafür überhaupt nicht bezahlt würden – sehen Sie das bitte einmal völlig unabhängig von der Frage, ob wir uns das in Wirklichkeit leisten könnten.

Nicht nur die Bezahlung ist uns in dieser Zeit sekundär, sondern auch die Arbeitsbedingungen. Größerer Schreibtisch, größeres Fenster, größerer Ficus Benjaminus im Arbeitszimmer, größerer Bildschirm – und was einen sonst noch an den Rahmenbedingungen der Arbeit beschäftigen könnte, treten in den Hintergrund, werden nicht bemerkt.

Grundlagen produktiver Zeit

Vor allem aber bedeutet produktive Zeit in unserer arbeitsteiligen Welt der Gegenwart: ein Team bilden mit den Kollegen, Aufgeben von Konkurrenzdenken, Verzicht auf persönliche Profilierung.

Das Team hat keine Stars. Das Team ist selbst der Star. Große Leistungen in der Wissenschaft, in der Wirtschaft, auf dem Fußballfeld – und sogar im Film – werden heute nicht mehr von Stars und anderen Einzelgängern erreicht, sondern in erster Linie von Teams.

Tragen Sie in das folgende Zeitschema einmal ein bis zwei Stunden produktive Zeit ein, die sogenannte Flow-Zeit, die auf Seite 69 beschrieben wurde:

Meine produktiven Zeiten habe ich zwischen:			
00.00–01.00	❑	12.00–13.00	❑
01.00–02.00	❑	13.00–14.00	❑
02.00–03.00	❑	14.00–15.00	❑
03.00–04.00	❑	15.00–16.00	❑
04.00–05.00	❑	16.00–17.00	❑
05.00–06.00	❑	17.00–18.00	❑
06.00–07.00	❑	18.00–19.00	❑
07.00–08.00	❑	19.00–20.00	❑
08.00–09.00	❑	20.00–21.00	❑
09.00–10.00	❑	21.00–22.00	❑
10.00–11.00	❑	22.00–23.00	❑
11.00–12.00	❑	23.00–24.00	❑

Kooperation unter Kollegen schafft produktive Zeit

Ein scheinbar unausrottbares Vorurteil vieler Menschen lautet: »Konkurrenz belebt das Geschäft.«

Das mag sicherlich für Unternehmen, die am Wirtschaftsmarkt konkurrieren, stimmen (obwohl wir heute in der Zeit der großen Firmenzusammenschlüsse – also der Abschaffung von Konkurrenz – leben).

Neunmalkluge Vorgesetzte glauben, dass Konkurrenz auch die Leistung in ihrer Abteilung, ihrer Firma steigert. Sie irren sich dabei aber gewaltig.

Kooperation belebt das Geschäft

Das zeigen Studien des amerikanischen Psychologen Prof. Robert Helmreich (University of Texas), der mittels Studien herausgefunden hat, dass in Wirklichkeit Kooperation das Geschäft belebt.

Das gilt für:

- Naturwissenschaftler (kooperative Naturwissenschaftler werden häufiger mit ihren wissenschaftlichen Arbeiten zitiert),

- Universitätspsychologen (wie bei den Naturwissenschaftlern werden auch kooperative Psychologen häufiger in der wissenschaftlichen Literatur zitiert),
- Geschäftsleute (kooperative Businessmen und Businesswomen erreichen ein höheres Einkommen),
- Studenten (kooperative Studenten bekommen bessere Leistungsbenotungen),
- Schüler der 5. und 6. Klasse (kooperative Schüler hatten bessere Ergebnisse in Leistungstests),
- Piloten (kooperative Piloten schneiden in den von den Luftlinien regelmäßig geführten »performance records« besser ab) – und das Gleiche gilt für das Bodenpersonal von Luftlinien.

Vom Konkurrenzdenken zum Mobbing
Konkurrenzverhalten schafft letztlich also schlechtere Produkte und schlechtere Dienstleistungen.

Schlechte Ergebnisse durch Konkurrenzdenken

Beispiel: *Konkurrenz als absoluter Leitwert für die eigene Arbeit führt auch unter Journalisten zu schlechteren Arbeitsergebnissen. Der harte journalistische Wettbewerb um die angeblich »bessere Geschichte« erzeugt – wie ein Blick in miteinander konkurrierende Boulevardzeitungen tagtäglich aufs Neue beweist – zumeist nur die extravagantere Schlagzeile, die dann in aller Regel aber nicht durch die Qualität des nachfolgenden Beitrags gerechtfertigt wird.*
Zu ähnlichen Qualitätsverlusten kommt es auch innerhalb von Redaktionen beim Kampf um Raum in der Zeitung oder um Sendezeit. Und auch hier führt der Konkurrenzdruck in Sachen Insiderberichte zwangsläufig zu enormen Übertreibungen, um überhaupt Platz zu bekommen – was auf eine Irreführung des an echter Information interessierten Medienkunden hinausläuft.

Unproduktives Mobbing

Konkurrenzdenken am Arbeitsplatz ist oft eine Vorform des Mobbing. Und dass Mobbing produktiv ist, wird wohl niemand behaupten wollen.

Nutzen Sie Ihre Routinezeit

22. Schritt

Der größte Teil des Tages besteht nicht aus produktiver Zeit, sondern aus Routinezeit. Es geht um Routinetätigkeiten, die notwendig sind. Pro Woche sind das zum Beispiel:

Zeitaufwand	Tätigkeit
74 Stunden	Essen, Schlafen, An- und Ausziehen, Waschen, Körperpflege
37 Stunden	Anwesenheit am Arbeitsplatz
10 Stunden	Teilnahme am Straßenverkehr (z. B. die Routinefahrten zum Arbeitsplatz)
6 Stunden	Einkaufen
4,5 Stunden	Kochen
3,8 Stunden	Aufräumen
1,7 Stunden	Rechnungen bezahlen

Aber auch viele andere Stunden sind mit Routinehandlungen erfüllt – etwa das gewohnte Lesen der Zeitung beim Frühstück, regelmäßiges Jogging, mit dem Hund spazieren gehen, im Garten arbeiten und – nicht zu vergessen – das automatische Anschalten des Fernsehers.
Es kann also nicht darum gehen, Routinezeit abzuschaffen, sondern das Beste aus ihr zu machen. Das gelingt dann, wenn wir die tagtäglichen Pflichten »im Flow« erledigen.

Beispiel: *Eine Psychotherapeutin und erfolgreiche, gut verdienende Unternehmensberaterin steht in der Küche und macht den Abwasch. Für viele Menschen ist dies eine lästige Routinearbeit. Gefragt, warum sie mit der Hand abwäscht und nicht einmal eine Spülmaschine besitzt, sagt sie: »Auch Abwasch ist Meditation.« Auf diese Weise kann man Routineabläufe, die man fast automatisch macht, zur inneren Regeneration nutzen.*

Routinearbeiten zur inneren Regeneration nutzen

Bitte tragen Sie alle Routinetätigkeiten, die Sie im Lauf eines Arbeitstages durchführen, in das folgende Tagesschema ein:

Viele Stunden sind mit Routinetätigkeiten gefüllt

Routinetätigkeiten	
Was tue ich	**Zeitbedarf**
00.00–01.00 ____________________	von _____ bis _____
01.00–02.00 ____________________	von _____ bis _____
02.00–03.00 ____________________	von _____ bis _____
03.00–04.00 ____________________	von _____ bis _____
04.00–05.00 ____________________	von _____ bis _____
05.00–06.00 ____________________	von _____ bis _____
06.00–07.00 ____________________	von _____ bis _____
07.00–08.00 ____________________	von _____ bis _____
08.00–09.00 ____________________	von _____ bis _____
09.00–10.00 ____________________	von _____ bis _____
10.00–11.00 ____________________	von _____ bis _____
11.00–12.00 ____________________	von _____ bis _____
12.00–13.00 ____________________	von _____ bis _____
13.00–14.00 ____________________	von _____ bis _____
14.00–15.00 ____________________	von _____ bis _____
15.00–16.00 ____________________	von _____ bis _____
16.00–17.00 ____________________	von _____ bis _____
17.00–18.00 ____________________	von _____ bis _____
18.00–19.00 ____________________	von _____ bis _____
19.00–20.00 ____________________	von _____ bis _____
20.00–21.00 ____________________	von _____ bis _____
21.00–22.00 ____________________	von _____ bis _____
22.00–23.00 ____________________	von _____ bis _____
23.00–24.00 ____________________	von _____ bis _____

23. Schritt

Neutralisieren Sie Zeiten der Aversion

Wer sehr produktiv war und einen wunderschönen Brief geschrieben hat, muss ihn noch einmal auf Schreibfehler hin überprüfen, ihn falten, in einen Umschlag stecken, eine Briefmarke aufkleben und ihn zur Post geben. Solch lästige kleine Pflichten rufen in vielen Menschen Aversionen hervor, deshalb nennen wir sie Zeit der Aversion.

Diese kann in Sekunden vorbei sein oder aber auch Stunden und Tage dauern, wenn Pflichten aufgeschoben werden. Und dann verhindert die Aversion den Lohn vieler Anstrengungen.

Menschen sind keine Maschinen

Wenn Menschen ihre Arbeitszeit planen, berücksichtigen sie den allzu menschlichen Faktor der Aversion nicht, sondern planen so, als ob sie wie eine Maschine funktionieren würden. Wir drücken uns viel zu oft vor sehr einfachen Aufgaben, indem wir schnell mal aufräumen, rasch eine Rechnung bezahlen (wir geben zwar ungern Geld aus, aber wir kommen nicht darum herum) usw. Viele Menschen denken zehn Minuten über eine Sache nach, die in einer Minute erledigt werden könnte.

Zeit für unangenehme Pflichten einplanen

Das Mittel dagegen: Es gibt an jedem Tag ein paar Dinge zu erledigen, um die man sich am liebsten drückt, die man aber erledigen muss. Planen Sie hierfür eine feste Zeit ein, vielleicht eine halbe Stunde Ihrer Arbeitszeit und eine halbe Stunde Ihrer Nichtarbeitszeit. Wann? Viele kluge Menschen meinen, dass man dies morgens in aller Frühe machen sollte, dann hat man den ganzen Tag ein gutes Gefühl und hat nicht – wie bei vielen Radrennen – den schwierigsten »Berg« noch vor sich.

Planen Sie im folgenden Tagesschema zwei »Zeiten der Aversion« ein, in denen Sie lästige berufliche und private Pflichten rasch abarbeiten.

Dinge, die Aversionen hervorrufen, verdrängt man gern. Notieren Sie sich deshalb im Lauf der kommenden Tage alles, was in Ihnen zu Aversionen führt, damit Sie auch wirklich alles zusammenfassen.

Meine Zeiten für unangenehme Pflichten plane ich zwischen:			
00.00–01.00	❑	**12.00–13.00**	❑
01.00–02.00	❑	**13.00–14.00**	❑
02.00–03.00	❑	**14.00–15.00**	❑
03.00–04.00	❑	**15.00–16.00**	❑
04.00–05.00	❑	**16.00–17.00**	❑
05.00–06.00	❑	**17.00–18.00**	❑
06.00–07.00	❑	**18.00–19.00**	❑
07.00–08.00	❑	**19.00–20.00**	❑
08.00–09.00	❑	**20.00–21.00**	❑
09.00–10.00	❑	**21.00–22.00**	❑
10.00–11.00	❑	**22.00–23.00**	❑
11.00–12.00	❑	**23.00–24.00**	❑

24. Schritt

Finden Sie Ihren persönlichen Rhythmus

Viele Routinepflichten in der Nichtarbeitszeit beinhalten ebenfalls eine Komponente der Aversion und bleiben deshalb unerledigt. Wer anfängt, über das, was sowieso getan werden muss, erst mal nachzudenken, ist bereits in der Zeitfalle. Auch wenn die Antwort »Ja, ich mache es« lautet: Die Option, auch »nein« oder »später« zu sagen, ist auf diese Weise gegeben.

Versäumnisse wachsen zu einem Berg an

Versäumte, kleine Pflichten zu großen Problemen anwachsen zu lassen ist einer der größten Zeitkiller. Was zeichnet die Menschen aus, die ihre Pflichten einfach erledigen und sie nicht zum Problem werden lassen?

Kurz gesagt: ein Flow-Zustand, in dem sie handeln, statt nachzudenken. Sie machen eins nach dem anderen, hören dabei vielleicht Musik, pfeifen oder summen eventuell ein Lied und strahlen Ruhe aus. Ihr Geheimnis: Sie lassen sich nicht durch den Kopf leiten, sondern folgen ganz einfach einer guten Gewohnheit.

Solche gute Gewohnheiten sind eng mit einem stabilen Tagesrhythmus verbunden. Und wenn Sie den vermutlich größten Zeitkiller unschädlich machen wollen, gibt es keinen besseren Rat als: Tun Sie das, was Sie sowieso tagtäglich machen müssen, in einem festen Rhythmus, auf erholsame Weise und nach festen Gewohnheiten.

Feste Gewohnheiten installieren

Wann haben Sie Ihre Leistungshochs und -tiefs?			
00.00–01.00	❑ tief	❑ mittel	❑ hoch
01.00–02.00	❑ tief	❑ mittel	❑ hoch
02.00–03.00	❑ tief	❑ mittel	❑ hoch
03.00–04.00	❑ tief	❑ mittel	❑ hoch
04.00–05.00	❑ tief	❑ mittel	❑ hoch
05.00–06.00	❑ tief	❑ mittel	❑ hoch
06.00–07.00	❑ tief	❑ mittel	❑ hoch
07.00–08.00	❑ tief	❑ mittel	❑ hoch
08.00–09.00	❑ tief	❑ mittel	❑ hoch
09.00–10.00	❑ tief	❑ mittel	❑ hoch
10.00–11.00	❑ tief	❑ mittel	❑ hoch
11.00–12.00	❑ tief	❑ mittel	❑ hoch
12.00–13.00	❑ tief	❑ mittel	❑ hoch
13.00–14.00	❑ tief	❑ mittel	❑ hoch
14.00–15.00	❑ tief	❑ mittel	❑ hoch
15.00–16.00	❑ tief	❑ mittel	❑ hoch
16.00–17.00	❑ tief	❑ mittel	❑ hoch
17.00–18.00	❑ tief	❑ mittel	❑ hoch
18.00–19.00	❑ tief	❑ mittel	❑ hoch
19.00–20.00	❑ tief	❑ mittel	❑ hoch
20.00–21.00	❑ tief	❑ mittel	❑ hoch
21.00–22.00	❑ tief	❑ mittel	❑ hoch
22.00–23.00	❑ tief	❑ mittel	❑ hoch
23.00–24.00	❑ tief	❑ mittel	❑ hoch

Durchschnittliche Leistungshochs und -tiefs

Der Tagesablauf eines »ganz normalen Menschen«:	
06.00 Uhr:	Der »Standardmensch« wird jetzt von seinen Organen her langsam wach. Der Blutdruck steigt an, das Herz beginnt schneller zu schlagen, Traubenzucker und Aminosäuren (Eiweißbestandteile) gelangen vermehrt ins Blut. Die Zellen gewinnen Energie.
07.00 Uhr:	Das Verdauungssystem arbeitet blendend. Wenn wir uns Zeit lassen für ein gutes Frühstück, ist jetzt die Zeit, auf die Toilette zu gehen. Das männliche Sexualhormon Testosteron ist morgens um 7 Uhr zu 40 Prozent mehr im Blut enthalten als etwa um Mitternacht. Es ist nahezu tragisch für den Karrieremann, dass er gerade um diese frühe Uhrzeit schon so sehr mit seiner Karriere beschäftigt ist.
10.00 Uhr:	Nachdem der Körper sich »aufgerappelt« hat, fängt auch der Geist richtig an zu funktionieren. Das zeigt sich (negativ) darin, dass Menschen, die zwischen 9 und 10 Uhr bereits einen Frühschoppen zu sich nehmen, nur die Hälfte des gewöhnlichen Quantums brauchen, um beschwipst oder betrunken zu werden.
11.00 Uhr:	Die meisten Körperfunktionen erreichen jetzt Spitzenwerte. Dies ist für den Standardmenschen seine produktivste Phase des Tages.
12.00 Uhr:	Langsam lässt die Leistungsfähigkeit nach.
13.00 Uhr:	Das Mittagstief ist erreicht. Die Leistungsfähigkeit, körperlich wie auch im Besonderen geistig, geht rapide zurück.
15.00 Uhr:	Langsam steigt die Leistungsfähigkeit wieder an.

17.00 Uhr:	Ein zweites Tageshoch der Leistungsfähigkeit ist erreicht. Das zeigt sich u. a. auch dadurch, dass Alkohol jetzt sehr viel besser vertragen wird als zu früheren Tageszeiten. Dies soll keine Aufforderung sein, jetzt mit dem Trinken zu beginnen, sondern eine Warnung, vor 17 Uhr zu trinken.
18.00 Uhr:	Langsam setzt ein »Trend« in Richtung Ruhe und Erholung ein.
19.00 Uhr:	Die körperlichen Reaktionen flauen ab. Erholsame und unterhaltsame geistige Tätigkeiten sind durchaus noch angesagt. Gerade weil der Körper alle auf ihn eindringenden Belastungen nicht mehr mit erhöhter Aktivität beantwortet, führt diese innere Ausgeglichenheit zu guten Phasen.
21.00 Uhr:	Die Verdauungsorgane »gehen zur Nachtruhe«. Schwer verdauliches Essen wird jetzt nicht mehr so schnell wie tagsüber abgebaut und belastet deshalb den Nachtschlaf.
23.00 Uhr:	Späteste Schlafenszeit.

Man sollte die Nacht unter Naturschutz stellen

Als »bedrohte ökologische Nische« sieht die Psychologin Katharina Zimmer den Zeitraum der Nacht an. Zimmer räumt mit der populärwissenschaftlichen Vorstellung auf, dass Menschen nur eine einzige innere Uhr besitzen, denn »für den Menschen wurden an die 100 verschiedene Rhythmen im Tagesablauf beschrieben: Temperatur, Hormone, Elektrolyten, psychische Variablen, allergische Reaktionen, statistische Geburts- und Sterbehäufigkeit ...«.

Biologische Rhythmen

Manche dieser Rhythmen haben ihren Höhepunkt am Tag, manche nachts. Zimmer: »Offenbar war es im Laufe der evolutionären Selektion ein Vorteil, dass Wachstums- und Reparaturprozesse in die Schlafphase gelegt wurden.« Statt diese »unendliche Intelligenz der Natur besser zu begreifen«, sind wir heute dabei, das Ergebnis einer Millionen Jahre langen Entwicklung zu zerstören. Unsere Gesellschaft, sagt Zimmer, fordert das Nonstop-Funktionieren, die Tag-und-Nacht-Arbeit, das Wachsein, das Autofahren und die Überwachung gefährlicher technischer Einrichtungen. Immer mehr Menschen leiden und kranken an zerstörten biologischen Rhythmen, wie es bisher nur vom Jetlag und von Schichtarbeitern bekannt war.

Zerstörte Lebensrhythmen

Wir haben uns von unserer Natur entfremdet

Seit Anbeginn aller Zeit hat die Menschheit überlebt, weil sie sich an die Regeln der Natur und an ihre eigene Natur angepasst hat. Die Menschen haben

- den natürlichen Rhythmus von Tag und Nacht gelebt,
- körperlich gearbeitet und nicht am Schreibtisch,
- in einer Gemeinschaft gelebt, die größer war als die heutige Kleinfamilie und in der jeder seinen Platz hatte,
- gefeiert, geprasst und gefastet – statt sich ständig auf einem Nahrungslevel zu halten,
- sich regional und saisonal ernährt,
- nicht die Nahrung mit chemischen Zusätzen oder durch Gentechnik haltbar, transportfähig und lagerbar gemacht oder Tiere durch Hormonbehandlungen zu Nahrungsfabriken umgepolt,
- ihre Mahl-, Schlaf- und Arbeitszeiten sowie Pausen eingehalten und so ihren persönlichen Rhythmus gefunden, der zugleich der Lebensrhythmus ihrer Gemeinschaft war,
- den Rhythmus der Jahreszeiten gelebt, die ständig wiederkehrenden Abläufe, Saat und Ernte, die Feiertage.

In früheren Zeiten wurde weniger gegrübelt

Die Menschen haben weniger gegrübelt als heute – der Sinn des Lebens war ihnen durch die Natur und die menschliche Gemeinschaft vorgegeben. In unserer Zeit starker gesellschaftlicher Veränderungen gehen immer mehr der in früheren Zeiten für selbstverständlich erachteten Grundüberzeugungen und -werte verloren. Sonntagsarbeit setzt nun auch den über Jahrtausende gewohnten Lebensrhythmus der Menschen außer Kraft.

Zeiten, in denen sich Familie und Freunde darauf verlassen konnten, dass ein Mensch von der Arbeit frei und zur Regeneration wie auch zu einem ruhigen Austausch von Gedanken bereit ist, werden seltener. Menschliche Beziehungen, die ja nicht nur Luxus sind, sondern der Gesunderhaltung und der Erhaltung der Arbeitskraft dienen, werden schwieriger. Familiäre Probleme müssen die Folge sein. Ein guter Verdienst ist keine Kompensation für ein menschlich sinnlos erscheinendes Leben.

Menschliche Beziehungen sind schwieriger

Wie finden wir heute wieder zu unserer Natur zurück, wie versetzen wir unseren Körper wieder besser in die Lage, uns bei geistigen und seelischen Problemen zu helfen? Alles spricht in diesem Zusammenhang für ein möglichst regelmäßiges Leben.

Trennen Sie deutlich zwischen Arbeits- und Freizeit

25. Schritt

Freizeit bedeutet, nicht mit Geldverdienen oder mit Pflichten als Hausmann oder Hausfrau beschäftigt zu sein. Wenn Sie häusliche Tätigkeiten jedoch wie Arbeit ansehen, dann tragen Sie sie bitte in den folgenden Zeitplan entsprechend als Arbeitszeit ein. Ebenso gesellschaftliche oder soziale Verpflichtungen, die Arbeitscharakter haben.

Viel Privates hat Arbeitscharakter

Der größte Teil des Tages besteht aus Freizeit, denn natürlich gehören auch Schlaf- und zumindest die Frühstücks- und Abendbrotzeiten dazu. Bei vielen Menschen ist die Freizeit aber oft so stark oder sogar noch stärker verplant als die Arbeitszeit.

Über welche Zeit des Tages kann ich frei verfügen, weil sie nicht durch Pflichten blockiert ist?			
00.00–01.00	❑	**04.00–05.00**	❑
01.00–02.00	❑	**05.00–06.00**	❑
02.00–03.00	❑	**06.00–07.00**	❑
03.00–04.00	❑	**07.00–08.00**	❑

Über welche Zeit des Tages kann ich frei verfügen, weil sie nicht durch Pflichten blockiert ist?			
08.00–09.00	❑	16.00–17.00	❑
09.00–10.00	❑	17.00–18.00	❑
10.00–11.00	❑	18.00–19.00	❑
11.00–12.00	❑	19.00–20.00	❑
12.00–13.00	❑	20.00–21.00	❑
13.00–14.00	❑	21.00–22.00	❑
14.00–15.00	❑	22.00–23.00	❑
15.00–16.00	❑	23.00–24.00	❑

26. Schritt

Trennen Sie Freizeit von freier Zeit

Frei von jeder Planung

Freie Zeit ist Zeit, die völlig unverplant ist. Schauen Sie sich einmal Menschen an, die glücklich und zufrieden sind, und dann das »Gegenstück«: gehetzte, irgendwie unzufriedene, unglückliche Menschen. Analysieren Sie die Unterschiede in puncto Belastung, Geld, glückliche oder unglückliche Lebensumstände etc. Sie werden bei allen Überschneidungen finden, nur bei einem nicht: Die Glücklichen haben freie Zeit.

Wo sind die Stunden, die nicht durch Pflichten und gewöhnliche Freizeitaktivitäten blockiert sind?			
00.00–01.00	❑	12.00–13.00	❑
01.00–02.00	❑	13.00–14.00	❑
02.00–03.00	❑	14.00–15.00	❑
03.00–04.00	❑	15.00–16.00	❑
04.00–05.00	❑	16.00–17.00	❑
05.00–06.00	❑	17.00–18.00	❑
06.00–07.00	❑	18.00–19.00	❑
07.00–08.00	❑	19.00–20.00	❑
08.00–09.00	❑	20.00–21.00	❑
09.00–10.00	❑	21.00–22.00	❑
10.00–11.00	❑	22.00–23.00	❑
11.00–12.00	❑	23.00–24.00	❑

Vita activa und vita contemplativa

Es gibt zwei Arten von Leben: die »vita activa«, das mit Aktivität ausgefüllte Leben, und die »vita contemplativa«, das »anschauende«, ja beschauliche Leben. Beide Formen greifen ineinander über, aber das Schwergewicht liegt bei uns wohl deutlich auf »Aktion«.

Freie Zeit bedeutet »vita contemplativa«. Dieser beschauliche Teil des Tages stellt sich nicht von allein ein. Auch für diesen Teil muss man sich in unserer hektischen Zeit mit all ihren vielfältigen Freizeitangeboten »Marker« (siehe 29. Schritt, Seite 118 f.) setzen.

Auch Kontemplation hat ihre Zeit

Wer die Beschaulichkeit nicht einmal mehr nachts erreicht, wer sich nicht in den Schlaf fallen lassen kann, überdeckt möglicherweise eine innere Leere. Er spürt sich selbst so wenig – oder »will« sich nicht spüren –, dass eine Rückbesinnung auf sich selbst nicht als sinnvolle Möglichkeit angesehen wird. Ist ein Mensch hingegen den ganzen Tag »im Tran«, so ist davon auszugehen, dass er sich mehr als nötig mit sich selbst beschäftigt. Auch hier gibt es wieder zwei »Typen«: Der eine hat ein sehr reichhaltiges Innenleben, der andere – häufiger anzutreffende Typ – kultiviert nur einige wenige Gedanken und Gefühle. Das ganze Innenleben kann dabei um einige wenige, unproduktive Inhalte kreisen.

Aktive und kontemplative Phasen wechseln aber nicht nur täglich, diese Rhythmik kann sich auch in Monats- oder Jahresphasen zeigen. Es gibt im Leben Zeiten des Aufbaus, des extensiven Absteckens von »Terrain«. All dies ist aber von zweifelhaftem Wert, wenn das abgesteckte Terrain nicht auch intensiv bewirtschaftet wird.

Persönlichkeit entwickeln

Wird im Leben kein den eigenen Möglichkeiten entsprechender Bereich abgesteckt, so wird aus einem Menschen ein geistig-seelisch-sozialer »Kleingärtner«. Wird das »Terrain« nicht bewirtschaftet, kommt es zu Raubritter- und Freibeutermentalitäten. Immer neues »Terrain« wird besetzt, aber nicht wirklich durch persönliches Tun belebt. Und eine wichtige Chance für die Entwicklung einer reifen, gesunden Persönlichkeit wird vertan.

Lernen, nichts zu tun

Um zu Ruhe und Kontemplation zu kommen, heißt es: »Erst einmal akzeptieren, was mit meinem Leben los ist.« Das bedeutet: eine meditative Haltung annehmen, das eigene Wissen nicht mehr direkt in Verhalten umsetzen, sondern sich selbst – gleichsam auf einer Wolke sitzend – »von oben und außen« betrachten.

Meditative Haltung

Ferner schließt dies auch ein: keine Angst mehr haben vor der Leere, vor dem Nichts. Auch die Welt wurde aus dem Nichts geschaffen – und ebenso wird es sich mit dem neuen Bewusstsein verhalten, das sich in einem Menschen bildet.

An vielen amerikanischen Arbeitsplätzen hängt ein Schild mit dem Spruch »Steh nicht nur rum, tu was« – vielleicht ironisch gemeint, aber vielleicht gerade deshalb von großer Wahrheit. Der katholische Pater und Gesellschaftskritiker Daniel Berrigan hat diesen Satz einfach einmal umgedreht: »Don't just do something. Stand there.« (Tu nicht nur einfach irgendwas, bleib stehen.) Den meisten Menschen wird dies nicht gelingen – bis Depression es ihnen abfordert –, denn, so der Theologe Sam Keen, »früher oder später passiert es den meisten Menschen, dass ihnen Lebenskraft und Lebensmut in der Hand zerrinnen«.

Keine Angst vor Leere

Lernen, zu spielen

»Spielen« heißt auf Englisch »play« – und gemeint sind damit Aktivitäten ohne Sinn und Verstand, ohne Zweck und Ziel, ohne Sieger und Verlierer, ohne Ernst, aber mit viel Heiterkeit und körperlicher Bewegung.

Gemeint ist das, was kleine Kinder tun, wenn sie Türme bauen und sehr zum Schrecken zielorientierter Erwachsener wieder einreißen. Es ist dasselbe, wenn Erwachsene sich im Urlaub auf einer Luftmatratze durch die Wellen schieben und dem auf der Matratze Liegenden sagen: »Wackele mit dem rechten Fuß, wenn du rechts herum willst, und mit dem linken, wenn du links herum willst.«

Spielen, um der Sache selbst willen

Solche kindischen, eigentlich eher kindlichen Aktivitäten scheinen uns aber für kreative Leistungen und menschliche

Bindungen bereit zu machen. Hierzu gibt es eine Reihe von Forschungsarbeiten, die den Wert des Spieltriebs für den Menschen erkannt haben, ohne dass hierzu allerdings bisher systematisch Forschung betrieben worden ist (American Health 5/1966).

Spielen heißt: etwas um der Sache selbst willen tun – und nicht, um ein vorher bestimmtes Ziel zu erreichen oder gar um zu gewinnen.

Menschlichkeit bewahren

Gewinnen bedeutet nämlich immer: kämpfen, und viele wissenschaftliche Untersuchungen zeigen, dass eine nichtspielerische, sondern kämpferische Grundhaltung im Leben der Weg zum Herzinfarkt ist.

Wer spielen kann, ist kein Kämpfer, sondern ein liebevoller Mensch. Arbeit ist jedoch oft das Gegenteil von Spiel, ist eben Konkurrenz, sich durchsetzen, sich für ein Ziel einsetzen, Erfolg dadurch erzielen, dass andere verlieren. Menschlich ist das nicht sehr gesund – man sollte sich das ab und zu klarmachen.

Planen Sie Planungszeit ein

27. Schritt

Planungszeit ist gekennzeichnet durch eine »beschauliche« Zeit, die etwa eine halbe Stunde beansprucht. Sie richtig zu nutzen heißt für Sie:

In Ruhe planen

- Lassen Sie Ihren Tag von abends bis zum nächsten Abend reichen. Analysieren Sie dann, was die letzten 24 Stunden gebracht haben, welche Anforderungen die nächsten 24 Stunden an Sie stellen und wo die Zeit für Sie selbst bleibt.
- Achten Sie dabei auf Ihren Körper. Behandeln Sie ihn richtig? Schinden Sie ihn? Empfinden Sie diesen Dingen nach. Spüren Sie sich selbst.
- Diese halbe Stunde ist auch die Zeit für eine tiefer gehende Meditation oder ein Gebet.
- Außerdem sind die Zeit für das Ausfüllen des Terminkalenders und die genauere Planung des nächsten Tages hier angesiedelt.

Wenn Sie den letzten Punkt auch ans Ende dieser »Planungszeit« setzen, wird er Ihnen innerhalb von Sekunden gelingen, und Sie werden sich sogar einen Einkaufszettel schreiben, auf dem Sie – vielleicht ausnahmsweise – nichts vergessen zu notieren.

Setzen Sie eine halbe Stunde als Planungszeit für die restlichen $23^{1}/_{2}$ Stunden des Tages verbindlich fest:

00.00–01.00	❑	**12.00–13.00**	❑
01.00–02.00	❑	**13.00–14.00**	❑
02.00–03.00	❑	**14.00–15.00**	❑
03.00–04.00	❑	**15.00–16.00**	❑
04.00–05.00	❑	**16.00–17.00**	❑
05.00–06.00	❑	**17.00–18.00**	❑
06.00–07.00	❑	**18.00–19.00**	❑
07.00–08.00	❑	**19.00–20.00**	❑
08.00–09.00	❑	**20.00–21.00**	❑
09.00–10.00	❑	**21.00–22.00**	❑
10.00–11.00	❑	**22.00–23.00**	❑
11.00–12.00	❑	**23.00–24.00**	❑

28. Schritt

Planen Sie mehr Zeit für Menschen ein

Der typische Terminkalender in der Arbeitswelt ist angefüllt mit Zeit für Menschen.

Da heißt es dann: »16 Uhr Termin mit Mustermann, 17 Uhr anrufen: Müller.« Zeit für Menschen aber kann man nur selten im Voraus planen, denn Gespräche dauern oft länger als geplant.

Für Gespräche wirklich Zeit haben

Vermutlich bleiben jetzt keine Termine mehr übrig. Das jedenfalls zeigt die Erfahrung mit dem Zeitmanagement. Halb zu Ende geführte Gespräche aber sind meist die Zeit nicht wert, die sie gedauert haben. Da muss viel zu oft und zu viel »nach-besprochen« werden.

Bitte suchen Sie sich aus Ihrem Terminkalender (oder aus Ihrem Gedächtnis) fünf Termine mit einem Menschen heraus, bei dem Sie sicher sind:

- Alles ist gesagt worden.
- Auch strittige Punkte sind angesprochen worden.
- Und man ist so auseinander gegangen, dass beide sich auf das nächste Treffen freuen.

1. ______________________________

2. ______________________________

3. ______________________________

4. ______________________________

5. ______________________________

Streichen Sie dann wieder alle Termine fort, die länger als eine halbe Stunde gedauert haben.

Gespräche brauchen Zeit

Zeit für andere: »aktives Zuhören«

Wer etwas erfahren will, muss vor allem ein »aktiver Zuhörer« sein. Was damit gemeint ist, zeigt ein Gespräch eines Psychologen (er ist der aktive Zuhörer) mit seinem Klienten:

Informative Gespräche

Klient: Ich sehe natürlich, dass das alles vor langer Zeit begonnen hat. Irgendwie ist da mal etwas schief gelaufen. Ich glaube, ich muss diese Entwicklung irgendwie wieder in den Griff bekommen. Eine Art Umerziehung. Aber ich glaube, ich schaffe das nicht allein.

Psychologe: Sie sehen, dass die Anfänge des Ganzen lange zurückliegen und dass Sie an irgendeinem Punkt anfangen müssen, das alles wieder aufzuarbeiten. Aber Sie sind sich nicht sicher, ob Sie das allein schaffen.

Klient: Ja, das ist richtig: (Pause) Wissen Sie, die Vorstellung, dass ich so mein ganzes Leben lebe und immer diese fürchterlichen Gedanken habe. Das ist doch verrückt.

Psychologe: Die Zukunft sieht nicht sehr viel versprechend aus, wenn Sie das so betrachten.

Klient: Nein (lange Pause).

Viele »normale« Gespräche sind deshalb nicht informativ, weil alle Partner sie in eine, d. h. in ihre Richtung lenken möchten. Informationen von anderen Menschen werden dabei nur zu oft nach dem Gesichtspunkt gefiltert, ob sie einen Ansatzpunkt für die Stellungnahme des Zuhörers bieten oder nicht.

Gesprächsteile, die dieser Anforderung in ausreichendem Maß genügen, werden behalten, die anderen werden sofort »ausgesondert« und vergessen.

Soziale Intelligenz

Soziale Intelligenz ist die Fähigkeit, Einstellungen, Bedürfnisse etc. von anderen Menschen zu erfassen und zu verarbeiten. Die eben geschilderte Gesprächstechnik zeigt, warum das »aktive Zuhören« sehr viele Informationen von anderen Menschen aufnehmen kann, die »normale« Gesprächstechnik hingegen nicht.

Beim »aktiven Zuhören« macht der Interviewer im Wesentlichen ja nichts anderes, als die Aussagen des Interviewten aufzunehmen, sie neu zu formulieren und ihm so das Gefühl zu geben, er werde akzeptiert.

29. Schritt — Der optimale Tagesplan

Nunmehr sollten Sie versuchen, Ihre unterschiedlichen »Zeiten« in einen vernünftigen Tagesplan zu überführen. Gehen Sie dabei am besten in mehreren Schritten vor:

- Setzen Sie eine halbe Stunde Planungszeit fest.
- Markieren Sie Ihre Leistungshochs und die Phasen mittlerer Leistungsbereitschaft.
- Schlagen Sie sich (siehe 4. Schritt, Seite 19) zwei Stunden »Zeit am Stück« frei. Wenn Sie in dieser Zeit körperlich oder geistig angestrengt arbeiten wollen, sollten diese zwei Stunden in ein Leistungshoch fallen. Wenn Sie aller-

Ihre Zeiten in einem Tagesplan

dings unangenehme Routinearbeiten erledigen wollen, ansonsten aber den Tag über aktiv sein müssen, empfiehlt es sich, die zwei Stunden am Stück in eine Phase mittlerer Leistungsbereitschaft zu legen (allerdings in den Vormittag und nicht in die Zeit, in der Sie müde sind oder bald müde werden).

- Blocken Sie Ihre drei »Sprechstunden« aus (siehe 5. Schritt, Seite 20): je eine Stunde, privat und/oder beruflich,
  – für Meetings,
  – in der Sie für andere zu sprechen sind und
  – in der Sie auf andere Menschen zugehen.

Sprechstunden

- Schätzen Sie den Zeitbedarf für alle Routinepflichten eines Tages, und legen Sie zeitlich genau fest, wann Sie sie erledigen werden. Das nimmt mit Sicherheit die meiste Zeit des Tages in Anspruch.

Routinearbeiten

- Setzen Sie sich »Marker« für wichtige Zeiten und Situationen. Beispiele dafür sind:
  – In vielen Uhren kann man alle Stunde einen Ton einstellen. Das ist dann ein Zeichen für fünf Minuten Pause.
  – Genauso können Sie, bevor Sie das Telefon abheben, den ersten Ton als »Pausenzeichen« für eine »Drei-Sekunden-Pause« festlegen.

  Ähnliche »Marker« – allerdings nicht akustischer Art, sondern als Eintrag in den Tagesplan sind sinnvoll für:
  – Aufstehen plus Stretching
  – ins Badezimmer gehen/sich waschen und pflegen
  – Anziehen/sich für den Tag hübsch machen
  – Essen/Verdauen (wenn es keine Zeit gibt, nach dem Essen etwas Ruhe einzulegen, sollten Sie wenig und nicht Belastendes essen)
  – Arbeitsvorbereitung
  – Arbeitsnachbereitung (sie wird oft vergessen)

- Legen Sie die Zeit fest, in der Sie ins Bett gehen wollen oder müssen, und setzen Sie sich einen Marker auf fünf Stunden vor dieser Zeit. Ab dann sollten Sie nichts mehr tun, was Sie aufregt, damit Sie in einen natürlichen Tag-Nacht-Rhythmus kommen.

Schlafenszeit

Entsprechend diesen sieben Punkten wird Ihnen jetzt ein Tagesschema vorgegeben, das Sie natürlich Ihren Bedürfnissen anpassen müssen, das aber nur einer ersten Orientierung dienen kann.

Ihr persönlicher Tagesplan

Ihr optimaler Tagesplan

Stunden	**1**	**2**	**3**	**4**	**5**	**6**
00.00-01.00	❑	❑	❑	❑	❑	❑
01.00–02.00	❑	❑	❑	❑	❑	❑
02.00–03.00	❑	❑	❑	❑	❑	❑
03.00–04.00	❑	❑	❑	❑	❑	❑
04.00–05.00	❑	❑	❑	❑	❑	❑
05.00–06.00	❑	❑	❑	❑	❑	❑
06.00–07.00	❑	❑	❑	❑	❑	❑
07.00–08.00	❑	❑	❑	❑	❑	❑
08.00–09.00	❑	❑	❑	❑	❑	❑
09.00–10.00	❑	❑	❑	❑	❑	❑
10.00–11.00	❑	❑	❑	❑	❑	❑
11.00–12.00	❑	❑	❑	❑	❑	❑
12.00–13.00	❑	❑	❑	❑	❑	❑
13.00–14.00	❑	❑	❑	❑	❑	❑
14.00–15.00	❑	❑	❑	❑	❑	❑
15.00–16.00	❑	❑	❑	❑	❑	❑
16.00–17.00	❑	❑	❑	❑	❑	❑
17.00–18.00	❑	❑	❑	❑	❑	❑
18.00–19.00	❑	❑	❑	❑	❑	❑
19.00–20.00	❑	❑	❑	❑	❑	❑
20.00–21.00	❑	❑	❑	❑	❑	❑
21.00–22.00	❑	❑	❑	❑	❑	❑
22.00–23.00	❑	❑	❑	❑	❑	❑
23.00–24.00	❑	❑	❑	❑	❑	❑

Welchen Nutzen dieser Plan für Sie hat, erfahren Sie im Folgenden.

Unseren Umgang mit der Zeit besser verstehen
Professor Wolfgang F. Schmid hat den Menschen in seinem Buch »Basic Instinct«, in dem er den Urtrieb des Denkens thematisiert, als »Mensch ohne Augenblick« beschrieben.

Im Jetzt leben

⚡ Blitztest: Sind Sie ein »Mensch ohne Augenblick«?				
0 = trifft überhaupt nicht zu 1 = trifft etwas zu 2 = trifft ziemlich gut zu 3 = trifft sehr gut zu				
So ein Mensch (oder Sie) …				
… denkt voraus und nicht an das, was ist.	0	1	2	3
… denkt, wenn er erwacht, daran, sich zu waschen.	0	1	2	3
… denkt, wenn er sich wäscht, ans Frühstück.	0	1	2	3
… liest, während er frühstückt, Zeitung …	0	1	2	3
… oder denkt an die Fahrt zur Arbeit.	0	1	2	3
… denkt, wenn er zur Arbeit fährt, an die vielen Gesprächstermine.	0	1	2	3
… hört, wenn er Gespräche führt, nicht hin und denkt an das, was er noch zu erledigen hat oder was er am Abend tun wird.	0	1	2	3
… freut sich, wenn er endlich Feierabend hat und nach Hause fährt, auf das Abendessen.	0	1	2	3
… denkt, wenn er zu Abend isst, an den Film, den er sehen möchte.	0	1	2	3
… denkt, während er sich den Film anschaut, daran, dass er bald schlafen gehen muss, weil er sonst unausgeschlafen ist.	0	1	2	3
… denkt, wenn er zu Bett geht, an den morgigen Tag.	0	1	2	3
… träumt, wenn er schläft, vielleicht von dem, was er versäumt hat.	0	1	2	3
Summe	______			

Und das bedeutet Ihr Ergebnis:

Mehr als 30 Punkte:
Sie täuschen sich vermutlich gewaltig über das Maß an Wach- und Bewusstheit, das Sie an den Tag legen. Trauen Sie Ihren eigenen Zeitplanungen nicht.

25 bis 30 Punkte:
Sie leben in einer Phantasiewelt, in der Sie selbst der Mittelpunkt sind. Sie sind stark mit inneren Monologen befasst. Wenn diese Monologe für Sie einen erfreulichen Inhalt und Gefühlston haben und wenn Sie ansonsten mit Ihrer Zeit und Ihrer Arbeit glücklich sind, muss man Sie beneiden, da Sie eins sind mit Ihrer Welt.

Die Gegenwart wahrnehmen

Falls nicht, sollten Sie weniger im Flow (siehe 15. Schritt, Seite 69) leben und sich für mehr Disziplin (siehe 14. und 16. Schritt, Seite 65 ff. und Seite 74 ff.) entscheiden.

Für alle Punktwerte unter 25:
Wenn Sie Zeitprobleme haben, versuchen Sie, die Beobachtungen Prof. Schmids über den »Menschen ohne Augenblick« in Tipps umzuwandeln.

Kommen Sie heraus aus dem »Irgendwo, nirgendwo«, und leben Sie dort, »wo Sie sind«. Versuchen Sie doch einfach mal »in der Gegenwart anzukommen«, statt sich »entweder in der Vergangenheit aufzuhalten« oder »sich in der Zukunft zu verlieren«.

30. Schritt

Nützliche Verbesserungen an Ihrem Terminkalender

Der Tagesplan und Ihr Terminkalender

Jetzt kommt etwas Handarbeit auf Sie zu, die aber von großem Nutzen für Sie ist:

1. Übertragen Sie zuerst die eben gefundene Grundordnung für Ihren Tag auf eine leere Seite Ihres normalen Terminkalenders.
2. Wenn Sie einen Wochenplaner benutzen sollten: Tragen Sie zusätzlich in diesem dann noch alle festen Termine der Woche ein.

3. Kopieren Sie die Seite auf eine durchsichtige Folie (das geht heute mit den meisten Kopierern).
4. Schneiden Sie die Folie auf die Größe Ihres Terminkalenders zu.
5. Schneiden Sie (das ist etwas mühsam, aber ein Layouter- oder Teppichbodenmesser ist sehr hilfreich) alle Flächen, die nicht verplant – also noch frei planbar – sind, aus der Folie heraus.
6. Legen Sie die Folie jeweils auf die Seite des aktuellen Tages.

Sie haben jetzt eine gute Orientierungshilfe, die Sie, wenn Sie einen Terminkalender mit Bändchen haben, auch daran festkleben können.

Orientierungshilfe

Sie verhindern so, dass Sie sich jeden Tag neu in den Tag hineinfinden müssen und dass Sie sich doppelt und dreifach »buchen«.

Nicht termingebundene Informationen wandern von Woche zu Woche mit

Kaufen Sie sich zusätzlich die gelben oder andersfarbigen selbstklebenden Notizzettel – und zwar die kleinste, eine mittlere und die größte Ausführung.

1. Schreiben Sie alle nicht termingebundenen Hinweise nicht mehr in den Terminkalender, sondern stichwortartig auf einen kleinen Notizzettel.
2. Falls der nicht ausreicht, weil Sie sich noch weitere Stichpunkte machen wollen, nehmen Sie einfach das mittlere Format.
3. Schreiben Sie auf das große Format z. B. einen Einkaufszettel für den immer gleichen Grundbedarf oder für besondere Gelegenheiten.
   Ebenso können Sie auf dem großen Format dieser selbstklebenden Notizzettel auch wichtige Merkpunkte für Projekte, Konferenzen, eine Rede, die Sie ab und zu einmal halten müssen, ein Memo einer Besprechung oder private Angelegenheiten, die Sie auf keinen Fall vergessen wollen, notieren.

Kleine nützliche Zettel

Diese Zettel wandern in der Folgezeit durch Ihren Terminkalender, wenn es sich um nicht termingebundene Stichpunkte handelt.
Und sie kommen des Weiteren vorab an den Tag, an dem Sie wieder darauf stoßen müssen (und wandern dann gegebenenfalls weiter).

Der Erfolg ist nicht von der Hand zu weisen

Diese beiden kleinen Hilfen werden Ihre Planungszeit drastisch reduzieren. Sie müssen den Kalender nicht täglich aktualisieren. Und Sie werden in Zukunft nie wieder Dinge vergessen, weil Sie – einer der häufigsten Störfaktoren beim Zeitmanagement – vergessen haben, in Ihrem Terminkalender vor- oder zurückzublättern. Solche Dinge kann auch der Computer übernehmen, den Sie aber nicht ständig bei sich haben. Ihren Terminkalender aber sehr wohl.

Kein Vor- und Zurückblättern mehr

Erkennen Sie Zeitdiebe und Zeitfallen

Die Arbeitswelt: ein Komplott gegen den sinnvollen Umgang mit der Zeit

Jeder Arbeitstag stellt uns Zeitfallen. Einigen können wir ausweichen, vor anderen können wir uns schützen. Wie das geht, ist das Thema des letzten Kapitels.

Grundsätzlich zeigt sich nirgendwo deutlicher als an Arbeitsplätzen, dass Menschen heute noch zumeist als unmündig behandelt werden. In Bezug auf die Zeit herrscht nämlich eine Art Leibeigenschaft. Millionen Menschen sind gezwungen, jeden Morgen zur ungefähr gleichen Zeit zu ihren Arbeitsplätzen zu fahren. Milliarden Stunden gehen den Menschen in Verkehrsstaus verloren.

Zeit nicht selbst kontrollieren können

Vorgesetzte verlangen ständige Präsenz und Verfügbarkeit ihrer Mitarbeiter. Ihr Recht, Menschen aus ihrer Arbeit herauszureißen oder Menschen warten zu lassen gilt als heilig, als unumstößlich. Jemanden warten zu lassen ist eine der einfachsten und durchschlagendsten Machtdemonstrationen. Der Mächtige muss sich dabei ja nicht einmal anstrengen, muss nichts tun, sondern einfach nur unterlassen. Der betriebswirtschaftliche und volkswirtschaftliche Schaden durch Vorgesetzte, die ihre Zeit nicht im Griff haben und dafür die ihrer Mitarbeiter umso mehr, gehört zu jenen wichtigen Größen, über die man nicht spricht, weil sie kaum beziffert werden können.

Zeit am Stück fehlt zu oft

Es gibt nur wenige arbeitende Menschen, die ihre Zeit selbst kontrollieren können. Welche Post, welche Memos, welche Anrufe man bekommt, zu welchen Besprechungen man gehen muss, mit wem man zusammenarbeitet – dies und vieles mehr kann man sich fast nie aussuchen. Unsere Arbeitswelt ist leider darauf angelegt, dass wir uns gegenseitig die Zeit stehlen, dass wir verhindern, dass der andere jene Stunden »am Stück«, die er für die sinnvolle Abwicklung einer etwas komplizierteren Arbeit braucht, auch wirklich bekommt. Uns wird die Zeit gestohlen. Aber: Was man liebt, muss man verteidigen. Und alle sinnvolleren Ratschläge darüber, wie man seine liebe Zeit nicht gestohlen bekommt, laufen darauf hinaus, erst einmal die »Tagediebe« zu identifizieren, d. h. die wichtigsten »Zeitfallen«, in die wir alle hineintappen.

Zeitdiebe entlarven

31. Schritt

Zeitfalle 1: Zeitnot und deren sekundärer Nutzen

An Arbeitsplätzen gilt Fleiß als Statussymbol. Wer effektiv arbeitet und schnell fertig wird, erweckt irgendwie den Eindruck, nicht ausgelastet oder gar faul zu sein. Wer hingegen ständig viel zu tun hat – und sei es nur, weil er nicht effektiv arbeitet –, erweckt den Eindruck von Fleiß.

Keine-Zeit-Image

Wer keine Zeit hat, gilt als wichtig und fühlt sich vor allem äußerst wichtig. »Mensch, muss ich wichtig sein, wenn ich so viel mehr arbeite als die anderen« – so etwas sagt man natürlich nicht, hofft aber doch, dass andere Leute so etwas sagen, die Chefs, die Kollegen und darüber hinaus auch die Familie und Freunde.

Keine Zeit zu haben ist natürlich auch beschwerlich. Es macht Probleme. Psychologen aber wissen seit langem, dass Probleme immer einen sekundären Nutzen mit sich bringen. Wer krank ist oder Schmerz verspürt, bekommt automatisch Zuwendung.

Für viele Menschen ist es ein nicht leicht zu fassender Gedanke, dass Menschen – und sie selbst auch – solchen sekundären Nutzen aus Problemen ziehen. Psychologen haben inzwischen aber ein Krankheitsbild beschrieben, das man früher »Masochismus« nannte und das heute präziser »Kampf gegen sich selbst« genannt wird. Solche Menschen

Kampf gegen sich selbst

- suchen sich meist Menschen aus, die ihnen immer wieder Enttäuschungen bereiten und sie schlecht behandeln –

Immer mit der Arbeit beschäftigt zu sein bietet ebenfalls viel sekundären Nutzen:

- Man kann Lieblingsideen verfolgen, die mit der Arbeit zu tun haben, die aber aller Wahrscheinlichkeit nichts bringen – außer, dass sie einem Spaß machen
- man kann Eindruck schinden
- unangenehme Kontakte abwehren
- man hat immer einen Grund, über seine Überlastung zu klagen, dafür kann man auf Sympathie hoffen – oder sie einklagen
- man kann sich vor anderen Dingen drücken,
  vor unliebsamen Aufgaben zu Hause
  vor unliebsamen Treffen
  vor unliebsamen Besuchen
  vor unliebsamen Anrufen.

obwohl wohlwollendere Menschen ebenfalls für kurz- oder langfristige Beziehungen zur Verfügung stehen

- lehnen angebotene Hilfe ab
- reagieren auf positive Erfahrungen im eigenen Leben nicht mit Freude, sondern mit Gleichgültigkeit
- provozieren andere Menschen und fühlen sich danach missverstanden, verletzt oder erniedrigt
- ergreifen nicht die Gelegenheiten für erfreuliche Erfahrungen
- führen die Aufgaben, die für das Erreichen persönlich wichtiger Ziele notwendig sind, nicht durch, sind aber sehr wohl in der Lage, solche Aufgaben für andere Menschen und deren Ziele auszuführen
- langweilen sich in der Gegenwart von Menschen, von denen sie gut behandelt werden
- sind immer bereit zu helfen und sich aufzuopfern – selbst wenn danach nicht gefragt wird

Probleme und Psyche

Sicher kennen Sie solche Menschen. Und vielleicht gehören Sie selbst (manchmal) zu ihnen. Dass solch ein Kampf gegen sich selbst zeitraubend ist, versteht sich.

32. Schritt ZEITFALLE 2: ARBEITSSUCHT

Es gibt Menschen, deren Lebensinhalt nur aus Arbeit besteht. Sie sind – anders als die eben beschriebenen Menschen, die nicht mit einer Arbeit fertig werden wollen – keine Zeitschinder, denn sie schaffen sehr viel. Dennoch haben sie kein gutes Zeitmanagement.

Lebensinhalt – Arbeit

Diese Menschen, denen man im Englischen die aus »Arbeit« (work) und »Alkoholiker« (alcoholic) zusammengesetzte Bezeichnung »workaholic« gegeben hat, haben keine Probleme mit der Arbeit. Sie genießen sie. Wohl aber haben sie ein Freizeitproblem. Ihr Lebensinhalt ist eben die Arbeit, und solange die Menschen, mit denen sie zusammenleben, dies akzeptieren, bekommen diese »Arbeitssüchtigen« sogar Aufmunterung und Unterstützung. Wehe aber, es kommt zu einer Krise im Privatleben. Dann weitet sich dieses Freizeitproblem sehr schnell zu einer umfassenden persönlichen Krise aus.

Die widerborstige Persönlichkeit

Menschliche Reibeisen

Manche Menschen im Arbeitsleben sind hoch intelligent, kompetent, motiviert – und eine Pest für ihre Umwelt. Zwischenmenschlich verhalten sie sich wie ein Reibeisen, was der Betriebspsychologe Professor Harry Levinson als »abrasive personality« beschrieben hat.

Fachlich genial und ausgestattet mit der Kraft einer Dampflokomotive, sind diese Menschen in Bezug auf ihre soziale Intelligenz dennoch Vollidioten. Ihr Können und ihre Motivation bringen sie oft genug in Führungspositionen, dort aber zeichnen sie sich dadurch unrühmlich aus, dass sie

- Menschen beleidigen,
- Fehler bei anderen unnachsichtig und vor anderen Menschen aufdecken und
- Kritik in kränkender Weise und vor anderen Menschen vorbringen, da sie ungehalten bis cholerisch reagieren, wenn andere Menschen weniger rasch oder gründlich denken als sie selbst.

Wenn Sie für einen solchen Vorgesetzten arbeiten, versagt Ihr eigenes Zeitmanagement. Denn selbstverständlich wird von Ihnen erwartet, dass Sie genau so lange im Job bleiben wie Ihr Boss. Der Arbeitssüchtige kennt kein anderes Zuhause als seinen Arbeitsplatz, kein anderes Leben als sein Arbeitsleben. Bei ihm hat sich die eigentliche Tugend des Fleißes verselbstständigt. Das ist der Vorgesetzte, der seine Mitarbeiter damit quält, dass er auch ihnen keine Freizeit, kein Privatleben gönnt. Oft hoch bezahlt, arbeitet solch ein Mensch nicht für den Reichtum, den er sich erwirbt, sondern das Ausüben seiner Tätigkeit ist ihm Befriedigung an sich.

Die Arbeit ist alles

Konfrontiert mit einem solchen Menschen in vorgesetzter Position, bleibt letztendlich nur die Entscheidung, ebenfalls ein Arbeitssüchtiger zu werden oder den Job zu wechseln. Manchmal funktioniert ein Kompromiss: vertraglich genau festlegen, zu welchen Zeiten (natürlich weit über den Achtstundentag hinaus) man selbst für die Arbeit zur Verfügung steht und wann man unter Garantie und mit Rücksicht auf Privatleben, Weiterbildung und Familie eben diesen Ort des Fleißes wieder verlassen kann. Argumente gegen den Überfleiß, die ein Arbeitssüchtiger gleichwohl kaum zur Kenntnis nehmen wird, sind im Folgenden zusammengestellt.

Argumente gegen Arbeitssucht

Fleiß ist eine bewährte Tugend. Aber neben Fleiß gibt es an die 60 negative Gründe, die einen Menschen zu Arbeitssucht verleiten können. Bitte kreuzen Sie an, ob Sie sich wichtige Zeit durch Arbeitssucht stehlen. Und versuchen Sie, diese Suchtzeit einzusparen.

⚡ **Blitztest: Kennen Sie Argumente gegen die Arbeitssucht?**	
Menschen, die zu viel arbeiten …	
… können nicht entspannen.	❑
… dürfen immer über ihre Belastung klagen.	❑

Arbeitstiere

… sind unkooperativ. Sie setzen sich gegen andere durch, befriedigen ihren persönlichen Ehrgeiz.	❑
… nehmen sich das Recht, beruflich wie privat arrogant zu sein.	❑
… finden immer eine Möglichkeit zu dokumentieren, wie wichtig sie sind; sie kennen wichtige Leute, erhalten wichtige Briefe, werden dauernd angerufen.	❑
… dürfen nervös sein.	❑
… haben Angst vor dem Nichtstun.	❑
… dürfen andere Menschen warten lassen.	❑
… sind rigide, sie verplanen den gesamten Tag.	❑
… zwingen andere Menschen, sich nach ihrem Tageslauf zu richten.	❑
… können alle Launen, allen Unmut durch ihre Arbeitsbelastung erklären.	❑
… dürfen zu Hause müde sein.	❑
… müssen keine Hausarbeit machen.	❑
… dürfen über Kleinigkeiten meckern (ungeleerte Papierkörbe, unordentliche Schreibtische, Unpünktlichkeit anderer Menschen).	❑
… wollen immer alles selber machen (weil sie mit anderen Menschen ja doch nicht zusammenarbeiten können).	❑
… dürfen meckern, wenn Familienangehörige mehr Schlaf brauchen als sie.	❑
… zwingen sogar ihre (kleinen) Kinder, nach ihrem Terminkalender zu leben.	❑
… halten es für Anpassung an das Familienleben, wenn sie zu Hause die Zeitung oder Fachliteratur lesen.	❑
… betreiben auch Hobbys unter Leistungsaspekten.	❑
… haben so viel Energie, dass sie nicht stillsitzen und nicht zuhören können.	❑
… akzeptieren die Tatsache nicht, dass andere Menschen Freizeit oder gar Urlaub brauchen.	❑
… sagen statt »Guten Tag«: »Hat jemand für mich angerufen?«	❑
… tragen ständig Taschenrechner, Diktiergeräte oder Karteikarten mit sich herum.	❑

… können an nichts anderes mehr denken als an die Arbeit.	❑
… betrügen ihren Partner mit der Arbeit und verstehen nicht, wenn ihr Partner wirklich einmal fremdgeht.	❑
… versprechen immer wieder, dass »später« einmal alles anders wird, nur wann dieses »Später« ist, können sie trotz genauester Zeitplanung nicht sagen.	❑
… machen während ihres langen Arbeitstages so viel, dass ihr Partner keine Chance mehr hat, ihr Leben zu verstehen.	❑
… glauben den Pflichten der Kindererziehung dadurch Rechnung zu tragen, dass sie ein »gutes Vorbild« sind und die Kinder über ihre Pflichten ermahnen.	❑
… sehen ihr Sexleben als Dienst an der Allgemeinheit an; erwarten von sich als Mann, dass sie zuerst ihre Frau zu befriedigen haben – erwarten von sich als Frau, dass sie immer »orgasmusfähig« sein müssen.	❑
… gehen – wenn sie sich Freizeitvergnügen gönnen – am liebsten ins Kino, Theater oder Konzert (weil man dort schlafen kann).	❑
… suchen keine wirkliche Intimität mit anderen Menschen. Ihnen reichen die oberflächlichen menschlichen Kontakte, die die Arbeit bietet.	❑
… verdienen so viel Geld, dass sie ihrem Partner die eigene berufliche Selbstverwirklichung, die zumeist auch mit einer (von ihnen nicht kontrollierbaren) Persönlichkeitsentwicklung einhergeht, auszureden verstehen.	❑
… dürfen masochistisch sein: viel rauchen, ihre Gesundheit ruinieren, Raubbau mit ihren Kräften treiben, brauchen keine Selbstdiziplin zu üben. Die anderen haben sich ja nach ihnen zu richten.	❑
… müssen sich nicht einsetzen, wenn mal ein Familienmitglied krank wird oder Probleme hat.	❑
… können immer davon träumen, einmal Zeit für sich zu haben – Zeit, die sie eigentlich gar nicht wollen.	❑
… dürfen ihren inneren Zwängen nachgeben. Wer Schlaf- oder Waschzwang hat, gilt als neurotisch. Wer einen Arbeitszwang hat, gilt als vorbildlich.	❑

Immer nur die Arbeit kennen

Krankheit: Arbeitssucht

… kompensieren vermutlich Minderwertigkeitsgefühle oder Versagensängste aus ihrer Kindheit.	❑
… haben nichts weiter gelernt als das, was sie für ihre Arbeit brauchen.	❑
… können es sich erlauben, in ihrer Freizeit derart zu relaxen, dass sie genauso unerreichbar bleiben wie während ihrer Arbeit.	❑
… »tun das alles« für die Familie (nur das, was Partner oder Kinder wirklich wollen, geben sie ihnen nicht: Zeit).	❑
… haben Angst vor der Leere. Das Arbeitsleben strukturiert nämlich die Zeit eines Menschen in einer Weise, dass er immer genau weiß, was zu tun ist und dass etwas zu tun ist.	❑
… können nicht für sich selbst sorgen. Wer viel arbeitet, kann dies nur, wenn ihm der Partner die »niederen Dienste«, wie Kochen, Waschen, Rechnungen bezahlen, Einkaufen, Briefe an Verwandte schreiben, Freunde einladen, Feiern organisieren, abnimmt.	❑
… sind unsicher in zwischenmenschlichen Beziehungen: Die Arbeitswelt ist so versachlicht, dass man weiß, was von anderen Menschen zu erwarten ist. Das ist zwar nicht immer angenehm, zumindest aber sicher und vorhersagbar. Und menschliche Kontakte im Privatleben meiden sie, da diese auf Grund ihrer geringen Programmierbarkeit als gefährlich erscheinen.	❑
… versuchen auf diese Weise die Angst zu vermeiden, dass menschliche Kontakte unbefriedigend sein können. In der Arbeit weiß man genau, wie man Kontakte findet (man muss um Menschen nicht werben) und wann sie wieder abgebrochen werden dürfen. Private Kontakte laufen meist sehr viel zäher.	❑
… suchen Reize im menschlichen Kontakt. Die Arbeitswelt ist ein Raritätenkabinett; man trifft Exzentriker, Könner, Machtmenschen, Duckmäuser, Nichtskönner, Spinner, allesamt viel »reizvoller«, als jeden Tag zu Hause denselben Partner zu treffen.	❑
… brauchen sich über die Persönlichkeitsentwicklung nicht zu sorgen. Eine Firma prägt, ebenso wie die	

Schule oder ein Studium, den Persönlichkeitsstil und das Verhalten der Beteiligten. Man kleidet sich ähnlich, spricht über dieselben Themen und in derselben Diktion wie die Vorgesetzten oder Lehrer, man lacht über dieselben Witze. Die Persönlichkeit wird, wie anderswo die Arbeitskleidung, von der Firma gestellt.	❑
… kopieren das arbeitssüchtige Verhalten ihrer Eltern, das ihnen als Kind so verhasst war.	❑
… suchen schnelle und leichte Erfolge. Ein ordentliches Referat, ein ordentlich erledigtes Stück Arbeit bringt sofortige Anerkennung. Im Privatleben ist so etwas viel schwieriger. Wer mit Kindern ordentlich spielt, erntet – wenn er meint, es sei genug – nicht Anerkennung, sondern Tränen. Wer seinen Partner zum Essen einlädt, erntet ein »Warum machen wir das nicht öfter?«.	❑
… erheben sich über die Masse der Menschen, die über die Arbeit stöhnen.	❑
… haben immer ein konkretes Ziel vor Augen. Das ist einfacher, als sich den Unwägbarkeiten des Lebens wirklich zu stellen.	❑
… erleben immer Neues und Interessantes, viel Interessanteres als die Hausarbeit.	❑
… können nicht im Team arbeiten.	❑
… können nicht delegieren.	❑
… haben vermutlich Angst, dass ihnen die Arbeit und sogar die Position weggenommen wird.	❑
… können nicht entscheiden, was in der Arbeit wichtig ist und was nicht.	❑
… wollen ihre Kollegen in den Schatten stellen.	❑
… wollen gute Kollegen entmutigen oder gar rausdrängen.	❑
… schätzen die Arbeit anderer nicht hoch ein.	❑
… haben menschliche Grundbedürfnisse, wie akzeptiert zu werden, an das Erfüllen von Leistung gekoppelt.	❑
… schotten durch ihren Fleiß die eigene Leistung so ab, dass sie nicht mehr kritisiert werden kann.	❑

Workaholics stellen sich nicht dem Leben

Und wenn dies alles die Arbeitssucht eines Menschen noch nicht erklärt, sollte man auch daran denken, dass Menschen viel arbeiten, weil sie langsamer arbeiten als andere.

33. Schritt Zeitfalle 3: Überflüssige Anwesenheit

Effektivität ist nicht gleich hohe Arbeitsstundenzahl

»Komme zu früh, gehe zu spät, und sorge dafür, dass dein Chef es merkt«, lautet eine bekannte und leider sehr zeitraubende Karriereregel. Es gibt in diesem Zusammenhang eine interessante betriebspsychologische Studie des Psychologen Michael Maccoby, der 250 hoch erfolgreiche Manager interviewt und herausgefunden hat, dass wenige von ihnen mehr als 40 oder gar 45 Stunden in der Woche arbeiteten. Sie alle waren der Überzeugung, dass mehr als 50 Stunden in der Woche die Effektivität nicht erhöht, sondern beeinträchtigt.

Bitte notieren Sie einmal Ihre Anwesenheit am Arbeitsplatz über einige Wochen. Daraus können sich für Sie gute Gründe für weniger Arbeitszeit ergeben:

Arbeitsanwesenheit			
Tag	**Zu lange bei der Arbeit gewesen**	**Die Anwesenheit war:**	
		sinnvoll	**überflüssig**
Montag	❑	❑	❑
Dienstag	❑	❑	❑
Mittwoch	❑	❑	❑
Donnerstag	❑	❑	❑
Freitag	❑	❑	❑
Montag	❑	❑	❑
Dienstag	❑	❑	❑
Mittwoch	❑	❑	❑
Donnerstag	❑	❑	❑
Freitag	❑	❑	❑
Montag	❑	❑	❑
Dienstag	❑	❑	❑
Mittwoch	❑	❑	❑
Donnerstag	❑	❑	❑
Freitag	❑	❑	❑
Montag	❑	❑	❑
Dienstag	❑	❑	❑
Mittwoch	❑	❑	❑
Donnerstag	❑	❑	❑
Freitag	❑	❑	❑

Zeitfalle 4: Effizient sein, aber nicht effektiv

34. Schritt

Die Dinge richtig zu machen ist effizient, aber die richtigen Dinge zu erledigen ist effektiv. Die nicht wirklich wichtigen Dinge richtig zu machen ist ebenso ein Zeichen von zeitraubender, fehlender Effektivität, wie übermäßig viel Zeit in die sorgfältige Erledigung von Nebensächlichkeiten zu investieren. Wie kann man das umgehen?

Lehnen Sie sich mindestens alle halbe Stunde zurück. Stellen Sie sich dann zwei Fragen: Was tust du gerade im Moment? Und ist das, was du im Moment tust, das Richtige?

Effizienz wird manchmal als »bürokratische Tugend« verächtlich gemacht, und fehlende Effizienz wird als »kreativer Lebensstil« gelobt. Sehr zu Unrecht.

Die richtigen Dinge erledigen

Effizienz gehört zu den Primärtugenden jedes menschlichen Handelns. Der effiziente Mensch macht das, was er macht, richtig. Der effiziente Mensch hält die Verträge ein, die er mit anderen, besonders aber mit sich selbst, geschlossen hat. Effizienz bekommt ihren eigentlichen Sinn aber eben erst durch Effektivität, und das bedeutet: durch das Erledigen der richtigen Dinge.

Intelligenz garantiert nicht Effektivität

Effektivität ist jene Einstellung zum eigenen Tun, die eigenartigerweise vielen intelligenten und innovativen Menschen in hohem Maß fehlt. Sie machen mit besonderer Hingabe oft die falschen Dinge.

Ihr Mangel an Effektivität erklärt, warum diese eigentlich hoch talentierten Individuen in der praktischen Welt oft so wenig Erfolg haben.

Zeitfalle 5: Alles selbst machen

35. Schritt

Gerade wer Verantwortung trägt, glaubt oft, sich um nahezu alles selbst kümmern zu müssen, damit ihm nur ja nichts entgeht. Effektive Menschen gehen anders vor. Sie delegieren. Sie lassen z. B. ihren gesamten Postberg von ihrer Sekretärin lesen und einordnen und möglichst selbstständig beantworten. In der Tat kann es einmal sein, dass ihnen dadurch wichtige Information verloren geht. So etwas muss stichprobenweise überprüft werden, die Zeitersparnis ist aber trotzdem immens.

Nun haben Sie möglicherweise keine Sekretärin, sind vielleicht selbst Sekretärin. Man kann auch an Kollegen und sogar »nach oben« delegieren. Nicht durch Befehle, wohl aber durch ein offenes, kollegiales Wort und meist als

Delegieren

Tauschgeschäft: »Wenn Sie mir diesen englischen Absatz übersetzen würden, könnte ich Ihnen in der Zeit rasch eine Besorgung erledigen.«

Wo können Sie solche Tauschgeschäfte machen? Wenn Sie das herausfinden und so Zeit sparen möchten, müssen Sie eine ausführliche Liste all Ihrer Tätigkeiten aufstellen. Die Frage ist dann immer: »Mache ich Tätigkeit x, weil ich kein Vertrauen zu anderen Menschen habe?« Wenn Sie sich ehrlich prüfen, können Sie – möglicherweise – einiges an Arbeit und damit an Zeit einsparen.

36. Schritt

Zeitfalle 6: Nicht »nein« sagen können

Gerade als guter Kollege gerät man in das Dilemma, oft um Hilfe gebeten zu werden. Wenn Sie im Moment den anderen keine Hilfe geben können, müssen Sie in irgendeiner Form »nein« sagen.

Ein barsches, plattes »Nein« wird zwar akzeptiert, aber damit macht man sich keine Freunde. Denken Sie an die »Sprechstunde während der Arbeitszeit«. Wenn jeder weiß,

Gutmütigkeit

wann Ihre Antwort lautet: »Gerne können wir darüber reden, denn ich habe jetzt Zeit«, werden Sie zu anderen Zeiten weniger in Anspruch genommen.

Und Ihr übergeordnetes Ziel ist ja, möglichst viel Zeit am Stück zu haben.

Statt einfach nur »nein« zu antworten, können Sie auch sagen: »Jetzt geht es leider nicht, weil … aber lassen Sie uns sofort einen Termin für ein Gespräch machen.«

Die wichtige Frage ist: Wer sind die Menschen, denen Sie nur mit Schwierigkeit oder gar nicht nein sagen können? Machen Sie sich eine Liste. Oben steht vermutlich Ihr Boss. Dann aber gibt es auch Menschen, die eigentlich keinen Anspruch auf Ihre freie Verfügbarkeit haben, denen Sie aber oft genug dennoch Ihre Zeit so willfährig schenken, als ob Ihr Tag mehr als 24 Stunden hätte. Das sind

- Menschen, von denen Sie etwas wollen.
  Frage: Bekommen Sie von denen das, was Sie wollen?
- Menschen, denen Sie sich erotisch nahe fühlen.
  Frage: Haben Sie Chancen?
- Menschen, die ständig hilflos sind.
  Frage: Helfen Sie wirklich durch ständige Hilfsbereitschaft? Oder machen Sie diese Menschen nicht abhängig und unmündig?
- Menschen, die nett zu Ihnen, aber dreist sind.
  Frage: Brauchen Sie ein gutes Verhältnis zu diesen »negativen Egoisten«?

Zeitdiebe

Setzen Sie diesen Katalog mit konkreten Personen fort. Viel ist schon erreicht, wenn Sie überhaupt einmal den Namen dreier Menschen aufgeschrieben haben, die Ihre Gutmütigkeit am intensivsten ausnutzen.

Name: ______________________________

sein/ihr Motiv: ______________________________

Ihre zeitlichen Kosten: ____________ Stunden pro Woche

Ihr Nutzen: ______________________________

Name: ______________________________

sein/ihr Motiv: ______________________________

Ihre zeitlichen Kosten: ____________ Stunden pro Woche

Ihr Nutzen: ______________________________

37. Schritt Zeitfalle 7: Unordnung

Notorisches Chaos

Für seine Ordnung ist jeder selbst verantwortlich. Wer zu viel und zu oft suchen muss, erfährt die unpraktische Arbeitsorganisation ständig am eigenen Leibe. Überladener Schreibtisch, ewiges Suchen nach denselben Dingen, all dies nimmt viel Zeit in Anspruch, und man ist zeitlich so überlastet, dass man nie zum Aufräumen kommt.

Irgendwann versucht man – ähnlich wie man es oft mit dem Terminkalender macht – den gordischen Knoten zu durchschlagen. Und der notorische Chaot zeigt dabei, wie pedantisch er sein kann.

Die Folge ist bekannt: Einiges passt ins Ordnungsschema, anderes nicht. Dies »andere« wird gleichwohl säuberlich auf Stapel gelegt, in Ordner geheftet, in Klarsichthüllen gepackt, im Computer mit besonders leuchtenden Etiketten versehen. All dies ist jedoch ein gravierender Verstoß gegen die 20/80-Regel (siehe 1. Schritt, Seite 10 ff.). Es kostet mehr, als es bringt. Es gibt beim Thema »Ordnung« eben kein Ein-für-alle-Mal, sondern nur ein »Jeden-Tag-fünf-Minuten-lang«.

Die Lüge von der perfekten Arbeitsorganisation

Kein Arbeitsablauf ist perfekt

Das 20. Jahrhundert wird auch als »das wissenschaftliche Jahrhundert« bezeichnet. Es hat uns u. a. die »Lehre vom wissenschaftlichen Management« beschert, die Lehre der perfekten Arbeitsorganisation, wie sie der amerikanische Rationalisierungsfachmann Frederick Taylor zu Anfang des Jahrhunderts ersonnen hat. Ihm ging es letztendlich darum, die Arbeitsplätze »idiotensicher« zu machen.

Im Laufe der Jahrzehnte wurden die Arbeitsabläufe immer stärker vereinfacht, komplizierte Handwerke und Künste waren nicht mehr gefragt. Mit Hilfe von Fließbändern (am Anfang des Jahrhunderts) oder heute von Computern werden hochtechnologische Produkte hergestellt in Arbeitsabläufen, die oft genug von reinen Anlernkräften ausgeführt werden können. Der Gedanke, der dahinter steckte: Anlernkräfte sind billig und leicht austauschbar.

Wird ein Arbeitnehmer missliebig (und sei es nur, dass er zu viel Geld verdienen will), kann man ihn schnell gegen einen anderen ersetzen.

Gegenläufig zu diesem Versuch, die Arbeit vielerorts immer »idiotensicherer« zu machen, ist der Trend: Menschen immer länger auf die Schule zu schicken. Zum Glück ist also bisher versäumt worden, die Menschen diesen Arbeitsbedingungen anzupassen. Sie sind keine Idioten geworden, sondern zu intelligenten, selbstverantwortlichen, kreativen, willensstarken Persönlichkeiten erzogen worden.

Es wächst also eine Schicht wirklich moderner Arbeitnehmer heran, die oft genug aber noch auf Vorgesetzte trifft, die im Geiste jenes Frederick Taylor geschult worden sind. Statt mit Menschen kooperativ zusammenzuarbeiten, suchen sie Menschen, die sich willenlos vorgefertigten Prozessen unterordnen und auch wieder aussortieren lassen.

Zu wenig Eigenverantwortung für Arbeitnehmer

In der Industrie, aber besonders in Verwaltungen, haben wir es nun jedoch nicht mit Maschinensystemen zu tun, sondern mit Mensch-Maschinen-Systemen. Der ganze Reichtum der Persönlichkeit eines arbeitenden Menschen, seine Wünsche, Hoffnungen, Begierden, seine Aus- oder Unausgeschlafenheit, seine Kreativität, seine Neurosen, sein Innovations- und sein Selbstverwirklichungsbedürfnis oder auch seine Faulheit, seine Träume und Phantasien lassen sich nicht in »vorgestanzte« Arbeitsabläufe hineinpressen – sosehr sich das manche Vorgesetzte wünschen.

Solche Vorgesetzten leben nach dem Motto »Vertrauen ist gut, Kontrolle ist besser«. Letztendlich drückt sich in ihnen eine Lebensfeindlichkeit aus, die die meisten Menschen bereits in ihren frühesten Kinderjahren von Seiten der Eltern, im Kindergarten, durch Lehrer oder Nachbarn erfahren haben: Die Vitalität eines Kindes ist für die meisten Erwachsenen nämlich mehr, als sie verkraften können. Deshalb wird sie unterbunden. Hinter diesem Festhalten an einmal gelernten Systemen und Ordnungsvorstellungen steckt Angst – die »Angst vor Veränderung« oder auch die »Angst vor allem Neuen«, die »Angst vor dem Unkontrollierbaren«.

Ein Paradoxon tut sich auf: Etwas Neues dringt auf die alten Vorgesetzten ein. Eine neue Arbeitnehmerschaft mit neuen Qualifikationen und neuen Persönlichkeiten und neuen Ansprüchen. Sie schaffen es nicht, sich diesen neuen Menschen zu öffnen, ziehen sich vielmehr immer stärker hinter die alten Regeln und Vorschriften zurück – und sie tun das auf Kosten der Produktivität.
Wo locker miteinander gearbeitet und Leistung erbracht werden könnte, wird kontrolliert, gegängelt, intrigiert und was sonst noch alles an allzu menschlichen Dingen an Arbeitsplätzen geschieht – im Namen der Produktivität. Das ist das Paradoxon. Es wird unter dem Deckmantel »perfekte Organisation« eingeführt und aufrechterhalten. Dabei soll es in Wirklichkeit der Abwehr von menschlicher Angst und Unsicherheit dienen.

Perfekte Ordnung ist nicht effektiv

Vermutlich ist dies das Hauptproblem, das es zu lösen gilt, denn längst nicht alle Menschen sind zu großem Selbstvertrauen erzogen worden – und Forschungen deuten sogar darauf hin, dass einige Menschen ohne Selbstvertrauen, nämlich schüchtern, geboren werden.
Ohne ausreichendes Selbstvertrauen leben etwa 40 Prozent der Menschen in einer modernen Industriegesellschaft (die Zahlen stammen aus den USA), und zeitweise ohne Selbstvertrauen leben bis zu 80 Prozent.
Es ist kein Wortspiel, wenn man Selbstvertrauen mit »sich selbst vertrauen« übersetzt. Selbstvertrauen entsteht nämlich aus der Unabhängigkeit von Beifall und Kritik durch andere Menschen. Das macht die Nutzung der eigenen Arbeitszeit effektiv.
Effizientes Schaffen von perfekter Ordnung hingegen erzeugt Zeitprobleme. Doppelte sogar, denn das alte Chaos kommt meist schnell wieder zum Vorschein. Sparen Sie sich diese Zeit, die doch nichts bringt. Täglich »diagonal« Ordnung zu schaffen ist die Lösung.
Darüber hinaus kann der eine arbeiten, der andere Arbeit managen. Wenn Sie »der eine« sind: Suchen Sie sich einen Manager (siehe 50. Schritt, Seite 151 f.).

Zeitfalle 8: Unterbrechungen

38. Schritt

Störungen kosten Zeit

Gerade wenn man seine Zeit am nötigsten braucht, platzt irgendjemand herein mit einer interessanten Geschichte oder einer dummen Frage. Wie schnell man ihn wieder los wird, entscheidet sich in den Sekunden seines Auftritts. Wenn man sich ihm sofort widmet, alles andere fallen lässt, wird er es als Einladung auffassen. Wenn man – bis hart an die Höflichkeitsgrenze – mit dem weitermacht, was man gerade tut, wird der andere von sich aus wahrscheinlich fragen, ob er stört. Und dann ist es Charaktersache, auch tatsächlich »ja« zu sagen.

Machen Sie sich einfach einmal eine Strichliste, wie oft Sie im Lauf eines Arbeitstages unterbrochen werden. Sie werden sehen, wo Ihre kostbare Zeit bleibt.

Unterbrechungen am Tag: ________________		
Stunde von – bis	**Wer hat unterbrochen**	**Nach wie viel Minuten war ich wieder in meinem Arbeitsrhythmus**
06.00–07.00	________________	5 10 15 20 25 30 mehr als 30
07.00–08.00	________________	5 10 15 20 25 30 mehr als 30
08.00–09.00	________________	5 10 15 20 25 30 mehr als 30
09.00–10.00	________________	5 10 15 20 25 30 mehr als 30
10.00–11.00	________________	5 10 15 20 25 30 mehr als 30
11.00–12.00	________________	5 10 15 20 25 30 mehr als 30
12.00–13.00	________________	5 10 15 20 25 30 mehr als 30
13.00–14.00	________________	5 10 15 20 25 30 mehr als 30
14.00–15.00	________________	5 10 15 20 25 30 mehr als 30
15.00–16.00	________________	5 10 15 20 25 30 mehr als 30
16.00–17.00	________________	5 10 15 20 25 30 mehr als 30
17.00–18.00	________________	5 10 15 20 25 30 mehr als 30
18.00–19.00	________________	5 10 15 20 25 30 mehr als 30
19.00–20.00	________________	5 10 15 20 25 30 mehr als 30
20.00–21.00	________________	5 10 15 20 25 30 mehr als 30
21.00–22.00	________________	5 10 15 20 25 30 mehr als 30
22.00–23.00	________________	5 10 15 20 25 30 mehr als 30
23.00–24.00	________________	5 10 15 20 25 30 mehr als 30

39. Schritt

Zeitfalle 9: Zu viele und zu lange Besprechungen

Zeitverlust durch zu viele Besprechungen

Besprechungen müssen sein. Sie sind – im Arbeitsleben wie auch zu Hause – aber einer der größten Zeitdiebe. Wer Besprechungen einberuft, sollte zu Inhaltsfragen seinen Mund halten und stattdessen Gesprächsmoderator sein. So etwas funktioniert übrigens auch im Zweiergespräch zu Hause. Immer, wenn man dem anderen zuhört, erreicht man schon einmal eins: Man verschwendet keine Zeit dadurch, dass man aneinander vorbeiredet.

Auch bei der Zeitfalle »Besprechungen« sollten Sie sich zuallererst ein Bild verschaffen, wie groß Ihr Zeitverlust ist.

Besprechungen: Zeitkosten und Nutzen		
Besprechung am __________	Dauer in Minuten: 5 15 25 mehr	Wie viele Minuten haben sich gelohnt? 5 15 25 mehr
Besprechung am __________	Dauer in Minuten: 5 15 25 mehr	Wie viele Minuten haben sich gelohnt? 5 15 25 mehr
Besprechung am __________	Dauer in Minuten: 5 15 25 mehr	Wie viele Minuten haben sich gelohnt? 5 15 25 mehr
Besprechung am __________	Dauer in Minuten: 5 15 25 mehr	Wie viele Minuten haben sich gelohnt? 5 15 25 mehr
Besprechung am __________	Dauer in Minuten: 5 15 25 mehr	Wie viele Minuten haben sich gelohnt? 5 15 25 mehr
Besprechung am __________	Dauer in Minuten: 5 15 25 mehr	Wie viele Minuten haben sich gelohnt? 5 15 25 mehr
Besprechung am __________	Dauer in Minuten: 5 15 25 mehr	Wie viele Minuten haben sich gelohnt? 5 15 25 mehr
Besprechung am __________	Dauer in Minuten: 5 15 25 mehr	Wie viele Minuten haben sich gelohnt? 5 15 25 mehr

Zeitfalle 10: Mehrere Dinge gleichzeitig tun

40. Schritt

Selten ist man in der glücklichen Lage, nur an einem Projekt arbeiten zu dürfen. Es gibt kleine und große Aufgaben, für die großen findet man zumeist keine zusammenhängende Zeit, deshalb beginnt man sie immer wieder, schiebt kleinere Dinge dazwischen, geht wieder zu den großen Dingen zurück und so weiter.
Statt Ihnen ein weiteres Schema anzubieten, in dem Sie Ihre Doppelarbeit festhalten, verweise ich an dieser Stelle auf den 3. Schritt, Seite 17 f.
Spätestens jetzt sollten Sie diesen Rat umsetzen, um einer der schlimmsten Zeitfallen zu entgehen.

Zeitfalle 11: Papierflut – zu viel zu lesen

41. Schritt

Das meiste, das man zu lesen bekommt, braucht man eigentlich nicht. Machen Sie einen einfachen Test, und lesen Sie die Tageszeitung von gestern. Unglaublich, wie schnell die gestern noch wichtigen Dinge veralten.
Ähnlich ist es auch im Arbeitsleben, besonders seit es Fotokopierer gibt. Täglich werden wir mit Papier überflutet, und die wenigsten Informationen aus dieser Papierflut brauchen wir. Als Faustregel gilt: Alles, was bereits so weit ausgereift ist, dass es auf Papier geschrieben werden kann, ist genau besehen schon veraltet.

Papierflut durch Überorganisation

Ein Großteil von betrieblich erzeugten Papieren entsteht dadurch, dass überorganisiert worden ist oder dass irgendwelche Wichtigtuer ihrem Namen Ehre bereiten wollen. Je höher man in der Hierarchie aufsteigt, desto mehr vertrauen die dort agierenden Menschen auf mündliche Berichte.
Besprechungen können zwar Zeit rauben, wenn sie chaotisch verlaufen. In Rede und Gegenrede kann allerdings viel Zeit gespart werden – mehr Zeit, als durch die Hauspost verloren geht.

42. Schritt ZEITFALLE 12: DOPPELTE TERMINNOT

»Schmeißen« Sie zu viele Termine? Dann sollten Sie sich einige Fragen stellen:

Haben Sie falsche Versprechungen gemacht, zu hohe Erwartungen in anderen Menschen erweckt?	❑
Sind Sie ein Jasager?	❑
Haben Sie jemand einen Gefallen tun wollen, ohne auf Ihre Zeit zu achten?	❑
Halten Sie Ihre Termine nicht, weil andere Menschen Ihnen gegenüber Termine nicht halten?	❑

Geben Sie sich selbst Rechenschaft. Nehmen Sie zehn Projekte aus der jüngeren Zeit:

Ihre Terminbilanz

Projekt	vor Termin fertig	zum Termin fertig	nach Termin fertig
1 ______	❑	❑	❑
2 ______	❑	❑	❑
3 ______	❑	❑	❑
4 ______	❑	❑	❑
5 ______	❑	❑	❑
6 ______	❑	❑	❑
7 ______	❑	❑	❑
8 ______	❑	❑	❑
9 ______	❑	❑	❑
10 ______	❑	❑	❑

Jedes Kreuz, das nicht in der ersten Spalte (»vor Termin fertig«) steht, ist ein Hinweis auf schlechtes Zeitmanagement. Gehen Sie den Ursachen nach. Die beiden Fragen, die Ihrer Suche am dienlichsten sind, lauten:

- Schieben Sie zu oft Dinge auf? (Siehe 7. und 8. Schritt, Seite 30 ff.)
- Müssen Sie Mitarbeiter besser – aber auf freundlich motivierende Weise – zu mehr Effektivität anhalten?

Zeitfalle 13: zu viel Kleinkram

43. Schritt

Tägliches Allerlei

Bis der Schlusstermin eines Arbeitsprozesses erreicht ist, muss mitunter zuvor auch sehr viel Kleinkram erledigt werden, der Zeit kostet. Ein Trick, um Termine zu halten, ist, sich möglichst frühe Termine zu setzen – weit vor dem letztmöglichen Termin – und sich zu erlauben, halb fertige, unausgegorene Dinge zu machen, die man dann selbst noch einmal korrigieren kann. Die Kunst erfolgreicher Arbeit besteht darin, so früh fertig zu sein, dass man seine eigene Leistung noch einmal überprüfen kann. So ein »konstruktives Schlampen« (siehe 6. Schritt, Seite 26 ff.) spart Zeit, weil Sie sich bei großen Projekten viel Kleinkram ersparen.

Der zeitraubende, alltäglich und spontan auftretende Kleinkram ist damit leider noch nicht aus der Welt. Die besten Tipps diesbezüglich lauten:

- nein sagen,
- delegieren,
- Prioritäten setzen (unwichtige Dinge einfach nicht machen, und viele müssen nicht gemacht werden – wie sich später herausstellt).

Wenn das nicht hilft – und es wird nicht helfen! –, gibt es nur noch eines: Sie müssen sich Freiräume schaffen, um größere Dinge in Angriff zu nehmen – tägliche Zeit am Stück, den Feierabend, das Wochenende, den Urlaub? Manchmal geht es eben nur so.

Zeitfalle 14: Telefon

44. Schritt

Die meisten modernen Arbeitshilfen wie Fotokopierer, Telefon und Computer sind nicht unbedingt immer Hilfen, sondern können zu Plagen werden. Sie sind so bedienungsfreundlich, dass viele Menschen auf sie zurückgreifen. Durch Telefonate wird man aber aus der eigenen Arbeit herausgerissen. Man ist erreichbar – und verliert Zeit.

Der beste Tipp gegen Telefonitis: feste Telefonzeiten einrichten. Und mitteilen, wann man den Hörer nicht abhebt.

45. Schritt

Zeitfalle 15: unangemeldeter Besuch

Besucher sind immer wichtig. Und diejenigen, die es sich leisten können, ohne Voranmeldung zu erscheinen, sind zumeist ganz besondere Besucher. Dieses Problem können Sie nur gezielt angehen. Vereinbaren Sie einfach mit jedem einzelnen unangemeldeten Besucher, dass Sie sich vor der nächsten Zusammenkunft klar verabreden.

46. Schritt

Zeitfalle 16: zu viele Krisen

Wer zeitlich zu knapp plant, wird von unvorbereiteten Dingen aus der Bahn geworfen. Aber es gibt auch Krisensituationen, von denen man genau weiß, dass sie kommen, wie z. B.

- die jährliche Inventur,
- die Zwischenprüfung,
- die Hetze zum Jahresende im Monat Dezember – dem kürzesten Arbeitsmonat, in dem oft alles, was über das Jahr liegen geblieben ist, noch schnell zusammengerafft und aufgearbeitet werden muss.

Krisenprävention

So wenig von zu viel Zeitplanung zu halten ist: In diesem Fall macht sie Sinn. Nur 20 Minuten Überlegung – allein oder im Gespräch mit anderen Menschen – wird Sie 80 Prozent aller vorhersehbaren Krisensituationen finden lassen. Und dann gilt es, zeitlich nicht mehr »von der Hand in den Mund« zu leben, sondern Krisenprävention statt Krisenmanagement (siehe 50. Schritt, Seite 151 f.) zu betreiben.

47. Schritt

Zeitfalle 17: Ermüdung

Manchmal ist man aber auch einfach zum Arbeiten nur zu müde und verliert so kostbare Zeit. Man sitzt und sitzt, doch es kommt nicht viel dabei heraus. Man kann aber auch zu müde sein, um mit einer Arbeit aufzuhören. Dann hilft nur der Mut, sich eine Pause zu gönnen. Und das Vertrauen, dass nach einer Pause ein frischer Blick auf die Dinge das Wesentliche vom Unwesentlichen trennt. Ermüdung entsteht auch durch Unlust. Vertun Sie Ihre Zeit, weil Sie einfach keine Lust zu einer bestimmten Arbeit haben? Es ist in unserer Gesellschaft immer noch verpönt, schlicht zuzugeben, dass man etwas nicht tun mag.

Unlust macht müde

Zu dieser »Gesellschaft« gehören nun einmal Vorgesetzte und andere Menschen, bei denen man Prestigepunkte sammeln will. Nur ja nicht den Eindruck erwecken, als ob man womöglich faul sei.

Aber: Wie viel Überflüssiges wird durch überflüssigen Fleiß produziert? Wirkliche Faulheit, mit der man gut leben und überleben kann, besteht darin, so wenig wie möglich zu machen, seine Zeit zu genießen, und wenn man schon mal etwas tut, dann kurz und schmerzlos.

Der realitätsgerechte Zeitplan

48. Schritt

Überprüfen Sie am Ende dieses Buches alle Ihre Zeitplanungen unter folgenden Aspekten:

1. Erledigen Sie ab jetzt wirklich die wichtige Dinge als Erstes.

2. Machen Sie möglichst nur eine Sache und nicht mehrere zur selben Zeit. Konzentrieren sie sich nur auf eine entscheidende Aufgabe, und lassen Sie alles andere mit halber Kraft nebenherlaufen, »schlampen Sie konstruktiv«.

Aspekte der guten Zeitplanung

3. Es gibt immer mehr zu tun, als man Zeit hat. Um wirklich produktiv zu sein und um sich einbringen zu können, brauchen Sie Zeit am Stück, und die bekommen Sie nur durch Selbstdisziplin beim »Nein«-Sagen.

4. Finden Sie Ihre besten Arbeitszeiten heraus. Arbeiten Sie morgens, nachmittags oder abends besser? Legen

Sie in diese Zeiten entweder große Projekte oder wichtige Routineangelegenheiten.

5. Ihre Leistungen und Erfolge sollten nicht Ergebnis außergewöhnlichen Einsatzes sein, sondern Folge guter Gewohnheiten. Überlegen Sie: »Welche Dinge fallen mir leicht, anderen Menschen offenbar nicht?« Leute, die nicht wirklich etwas schaffen, arbeiten oft ungeheuer hart, aber sie unterschätzen die Zeit, die sie für die Aufgabe brauchen. Und sie gehen immer davon aus, dass alles reibungslos klappt. Aber wann funktioniert schon mal alles reibungslos? Es gibt immer Überraschungen, und oft unerfreuliche.

6. Hetzen Sie nicht. Effektive Menschen arbeiten ruhig, aber stetig.

Altlasten eliminieren

7. Werfen Sie Altlasten ab, sonst gerät die Organisation Ihrer Zeit und Ihrer Kraft aus der Balance. Das meiste, was Sie heute tun, ist eine Folge von früheren Aktionen und Entscheidungen.
   Und gleichgültig, wie weise oder mutig Sie früher gewesen sein mögen: Einige, früher richtige Entscheidungen entwickeln sich unweigerlich zu den Problemen und Krisen der Gegenwart.

8. Setzen Sie neben Prioritäten auch Posterioritäten – also Dinge, die Sie zuallerletzt erledigen müssen. Und da Sie zu manchen nachgeordneten Dingen nicht mehr kommen werden: Entscheiden Sie frühzeitig, was Sie gar nicht tun werden.

9. Bringen Sie Arbeiten zu Ende. Keine Aufgabe ist wirklich abgeschlossen, bis Sie nicht zufrieden damit sind. Und da wir selten nur für uns selbst arbeiten, gilt: Erst wenn andere Menschen mit Ihrer Leistung einverstanden sind, ist die Arbeit abgeschlossen.

10. Wenn Sie Führungsverantwortung tragen, muss Ihre Innovation von allen Mitarbeitern akzeptiert, ja von jenen als ihre eigene angesehen werden. Rechnen Sie nicht mit schnellen Erfolgen, wenn andere Menschen mit im Spiel sind.
Es braucht Zeit, bis neue Methoden akzeptiert und zur täglichen Routine werden.

11. Blicken Sie in die Zukunft, nicht die Vergangenheit. Konzentrieren Sie sich auf Möglichkeiten, nicht auf Probleme.

Probleme nicht überbewerten

12. Es ist oft produktiver, neue Möglichkeiten zu ergreifen, als alte Probleme zu lösen, die nur den alten Zustand wiederherstellen.

13. Stecken Sie Ihr Ziel hoch. Setzen Sie sich ein für etwas, das sich lohnt und das etwas bewegt, nicht für Dinge, die sicher und leicht sind! Es ist ebenso riskant, schwierig und unsicher, etwas »kleines« Neues zu tun wie etwas »großes«.

14. Wenn Sie die Neigung haben, detaillierte Zeitpläne zu machen, tragen Sie erst einmal die Zeit ein, die Sie für Ihre Routinearbeiten benötigen. Dann multiplizieren Sie diese Zeit mit zwei, weil Sie in aller Regel den dafür notwendigen Zeitaufwand weit unterschätzt haben.
Dann tragen Sie in Ihren Zeitplan ein, wann Sie mit Menschen zusammen sind (Konferenzen, Besprechungen, Anrufe etc.). Multiplizieren Sie diese Zeit mit drei, und wenn dann noch Zeit übrig ist, tragen Sie die wichtigen und großen Dinge ein. Wenn die nicht mehr reinpassen, sollten Sie sie langfristig abbauen, d. h. die Kriterien für »Wichtigkeit« überprüfen und gegebenenfalls ändern.

Routinearbeiten zeitlich nicht unterschätzen

15. Menschen sind die größten Zeitdiebe. Wann immer Sie mit Menschen zu tun haben, brauchen Sie Zeit. Wir leben in einer Konkurrenzgesellschaft. Viele Menschen brauchen deshalb etwas länger, bis sie ihr Gegenüber abgecheckt haben und den Mut finden, zum Wesentlichen zu kommen. Oft weiß man auch nicht, was das Wesentliche ist. Es ergibt sich erst im Gespräch.

Konzentration ist wichtig

Das Geheimnis eines wirklich erfolgreichen Zeitmanagements ist einfach gezielte Konzentration: Gezielte Konzentration des Wissens und der Kräfte.

49. Schritt

OPTIMALE LANGFRISTIGE ZEITPLÄNE

Auch in die Zukunft realistisch planen

Zeitplanung für die Zukunft beinhaltet, die Dinge aufzuschreiben, die man sonst vergisst. Hilfreich ist auch ein »Wiedervorlage-System«. Schreiben Sie wichtige Dinge nicht unter den Termin, an dem sie stattfinden werden, sondern unter den, an dem Sie mit den Vorarbeiten beginnen müssen. Die durch den Terminkalender »wandernden« Notizzettel (siehe 30. Schritt, Seite 123) sind eine gute Hilfe.

Das Computerprogramm zu diesem Buch nimmt Ihnen auch viel Arbeit ab. Was Ihnen kein Computer abnehmen kann, ist jedoch die inhaltliche Interpretation Ihrer Einträge für die Zukunft. Vermeiden Sie diesbezüglich vor allem zwei allzu menschliche Fehler:

1. Wenn Sie heute etwas in den Terminkalender eintragen, das sich in zwei Monaten ereignet, finden Sie dort in aller Regel eine leere Seite vor. Dies verleitet zu der Selbsttäuschung, dass Sie an jenem Tag in zwei Monaten mehr Zeit hätten als heute.
2. Dies verleitet zu dem nächsten Fehler, die Zukunft als frei gestaltbar anzusehen. Aber wenn Ihre heutigen Tage prallvoll sind, werden es auch Ihre zukünftigen sein. Und da bis zum Tag in zwei Monaten noch viel Zeit vergeht, ist die Wahrscheinlichkeit groß, dass weitere, heute noch gar nicht vorhersehbare Aktivitäten hinzukommen. Seien Sie deshalb sehr zurückhaltend mit Einträgen für die Zukunft.

Wenn Sie viele Arbeitspunkte für die Zukunft in Ihren Terminkalender eintragen, sollten Sie es sich aus mehreren Gründen angewöhnen, all diese Termine jeden Tag zu einer bestimmten Zeit anzuschauen:

- Manches hat sich vielleicht schon erledigt.
- Einiges wiederum erscheint wichtiger als am Tag der Eintragung.
  In diesem Fall müssen Sie Ihren Terminkalender von hinten lesen und rückrechnen, welche zuvor notierten Dinge Sie reduzieren oder streichen können.

KRISENMANAGEMENT 1: EINE KRISE ZEICHNET SICH AB

50. Schritt

Das Wichtigste ist in diesem Fall: Fangen Sie mit dem Krisenmanagement ab sofort an!

1. Die Brainstorming-Phase

Schreiben Sie alles »aus sich heraus«, was Ihnen zu Ihrem Thema einfällt. Gut ist, wenn Sie dabei einen Computer benutzen. Dann ist nichts verloren, was Sie notieren. Da unsere Einfälle aber assoziativ kommen – »vom Hundersten ins Tausendste« – und nicht in der Reihenfolge, in der sie später einmal stehen sollen, können Sie Ihre Notizen später in eine richtige Ordnung bringen.

Assoziative Einfälle

Zweiter Vorteil: Sie können Dateien kopieren. Ihnen geht also auf diese Weise nichts, was Sie streichen oder umschreiben, endgültig verloren, denn es gibt ja immer noch die »Basisversion«.

2. Suchen Sie sich einen Manager

Jede größere Arbeit besteht aus dem Produzieren von Zwischenergebnissen, Ergebnissen und dem Bewerten dieser Ergebnisse. In der Kreativitätsforschung spricht man von Sammeln und Sichten.

Sammeln und Sichten sind jedoch getrennte Vorgänge, die im Idealfall

- zeitlich getrennt werden. Wenn Sie beim Ideensammeln nämlich Ihre Ideen zugleich bewerten, stören Sie Ihren Ideenfluss.
- nach Personen getrennt werden. Vielleicht sind Sie ein sehr kreativer Kopf. Dann müssen Sie sich einen harten, realistischen und kritischen Menschen suchen, der Ihre Ergebnisse sichtet – also: bewertet. Wenn Sie nicht sehr kreativ sind, sollten Sie zusätzlich zu den eigenen Ideen Einfälle bei anderen Menschen einsammeln und diese dann selbst sichten.

Ideen sichten lassen

3. Planungsphase

Machen Sie für größere Projekte eine sogenannte Meilensteinplanung.

Definieren Sie Ihr Ziel und die Zwischenziele (das sind die »Meilensteine« auf dem Weg zum Ziel). Und setzen Sie sich einen klaren Zeitpunkt, wann genau Sie den jeweiligen Meilenstein erreicht haben wollen.

Meilensteinplanung

Auch hier ist ein anderer Mensch hilfreich: Ihr »Manager«. Sie/er kann Ihnen alle falschen und deshalb zeitraubenden Hoffnungen nehmen und Ihre optimistischen Pläne auf ein realistisches Maß reduzieren.

Betrügen Sie sich selbst! Machen Sie trotz Zeitnot einen Plan, bei dem die Meilensteine noch schneller als geplant zu erreichen sind. Das ist der beste Check für die wichtige Frage »Was muss ich wirklich tun?«.

- Machen Sie also keine geniale Planung, bei der noch die letzte Sekunde verbucht wird.
- Verplanen Sie pro Tag nur die Hälfte der Ihnen möglichen Arbeitsstunden.
  Reduzieren Sie von daher also noch einmal das Maß dessen, was Sie bewältigen wollen.

4. Arbeits- und Kontrollphase

Lassen Sie sich von Ihrem »Manager« jeden Tag prüfen. Und wenn Sie hinter Ihrer Zeit sind: Lassen Sie sich sagen, was Sie jetzt tun und lassen sollten.

ϟ Blitztest: Brauchen Sie einen Manager?		
Verbringen Sie viel Zeit mit Planungen?	❑ ja	❑ nein
Schauen Sie sich einen fertiggestellten Plan in aller Regel nicht mehr an?	❑ ja	❑ nein
Planen Sie immer noch, wenn Sie schon lange arbeiten sollten?	❑ ja	❑ nein
Haben Sie einen Perfektionsdrang in der Planung und auch in der Ausführung Ihrer Arbeit?	❑ ja	❑ nein
Haben Sie meist oder sogar ständig mehr Ideen, als auf ein Din-A4-Blatt passen?	❑ ja	❑ nein
Denken Sie oftmals schneller, als Sie Ihre Einfälle mitschreiben können?	❑ ja	❑ nein

Ist Beratung nötig?

Haben Sie mehr als viermal »ja« gesagt? Dann sind Sie »zu kreativ«. Ihre Einfälle schwirren um Sie herum, wie die Motten um das Licht.
Suchen Sie sich jemanden, der die nötige Planung macht (und dafür sorgt, dass Sie sich daran halten).

51. Schritt

Krisenmanagement 2: Situationen, die kaum oder gar nicht geplant werden können

In diesem Fall hilft nur »Durchwursteln«. Nötig ist das für Projekte und Situationen,

- die nicht unter Ihrer eigenen Kontrolle stehen;
- die so weit in die Zukunft hineinreichen, dass niemand einen sinnvollen Zeitplan machen kann;
- bei denen Menschen ein besonderes Gewicht zukommt.

Planung kann für diese Situationen nur heißen:

1. Keine konkreten Ziele festlegen, weil das unrealistisch ist und eher dem Wunsch als der Wirklichkeit entspricht. Besser: Sich Gedanken machen über günstige Ergebnisse und die nötigen Vorarbeiten.

Stand der Dinge kontrollieren

2. Die Erfolgskriterien nach Möglichkeit in eine zeitliche Ordnung bringen.
3. Da Sie als Erfolgskontrolle keine konkreten »Meilensteine« haben, ist es umso wichtiger, dass Sie Ihren Stand der Dinge – am besten nach einem festgelegten Zeitplan – überprüfen.
   Und dann müssen Sie mit der Gabe der Improvisation die weiteren Schritte so gut planen, dass eines klar wird: Was ist der nächste Schritt?

Wenn das nicht funktioniert?

Haben Sie den Mut, um Hilfe zu bitten, und verlieren Sie niemals die Hoffnung, sondern bedenken Sie:

1. Niemals wird Ihr ganzes Leben von einem existierenden Problem bestimmt. Jeder Mensch hat Räume, die von diesen Problemen nicht berührt werden.

Hilfe annehmen

2. Es gibt immer ein Ende, auch wenn das Ende einer problematischen Situation zunächst nicht absehbar scheint.

3. Auch wenn Sie der festen Überzeugung sind, Sie selbst hätten Schuld an Ihren Problemen: Hören Sie auf, an sich zu zweifeln!

4. Es ist unrealistisch und führt zu Enttäuschungen, wenn Sie nicht auf den Kinderglauben verzichten, dass wir das bekommen, was wir wollen, wenn wir nur ganz fest daran glauben.

5. Genauso unrealistisch ist aber auch der für viele Erwachsene typische Zynismus, dass man im Leben überhaupt nichts geschenkt bekommt. Seien Sie deshalb offen für Dinge, die andere Ihnen schenken wollen: einen Rat z. B. oder Zeit zum Zuhören.

6. Wer alle eigenen Fehler abstellen will, nimmt sich ein Lebensprogramm vor, das mit Sicherheit zu Verzweiflung und Hoffnungslosigkeit führt.

7. Stattdessen ist es besser, zu lernen, über die eigenen Fehler zu lachen.

Fehler akzeptieren

8. Tun Sie dasselbe mit anderen Menschen: Hören Sie auf, die Mitmenschen zu belehren, zu bekehren, zu verbessern, deren Lasten zu schleppen und sich über deren Fehler zu ärgern. Wer sich im Leben in dieser Weise abplagt, vergisst das Hoffen.

9. Bekennen Sie sich zu sich selbst. Versuchen Sie nicht ständig, den anderen zu gefallen und so zu sein, wie die anderen Sie (tatsächlich oder vermeintlich) haben wollen. So verlieren Sie womöglich zu viel Lebensmut und die Hoffnung, geliebt und akzeptiert zu werden.

10. Werden Sie aggressiver. Treten Sie aktiv für Ihre Rechte ein. Dann brauchen Sie nicht ständig (und meist doch vergeblich) darauf zu hoffen, dass die Menschen sich zum Besseren ändern.

11. Lernen Sie verzeihen, denn dadurch befreien Sie Ihren Geist und Ihr Herz von all dem Negativen, das Ihnen angetan worden ist oder das Sie sich – aus was für Gründen auch immer – selbst oder anderen angetan haben, und richten Sie lieber alle Ihre seelischen und geistigen Kräfte auf Positives.

12. Konzentrieren Sie sich auf Ihre Stärken, statt Ihre Schwächen und Probleme zu beklagen.

Positiv denken

13. Befreien Sie sich von dem Druck, immer siegen zu müssen. Akzeptieren Sie, wenn Sie einmal verloren haben. Unterscheiden Sie genau zwischen dem, was man, realistisch gesehen, ändern, und dem, was man nicht ändern kann.

Kontakt mit Menschen suchen

14. Schämen Sie sich nicht, Angst zu zeigen. Alle Menschen haben in ihrem Inneren Angst. Und wenn alle das offen zeigen würden, wäre unsere Welt wohl ein heilsamerer Platz.

15. Organisieren Sie Hilfen für sich. Hilfe bekommen Sie z. B. von wirklichen Freunden. Und Freunde bekommen Sie, wenn Sie sich in Ihrem Leben mit anderen Menschen weniger auseinander setzen und öfter zusammensetzen.

Wichtiger Hinweis

Alle Angaben in diesem Buch beruhen auf den bis Redaktionsschluss vorliegenden Informationen und wurden nach bestem Wissen und Gewissen gemacht. Bei allen Ratschlägen wurde darauf geachtet, dass sie sich im Einklang mit Rechtsprechung und geltenden Vorschriften befinden. Wegen der auf den Einzelfall oft nicht übertragbaren Umstände kann jedoch von Autoren, Produzenten oder Verlag keine Haftung für eventuelle Schäden übernommen werden, die aus den im Buch gegebenen Hinweisen resultieren.

Redaktion: Cornelia Osterbrauck
Projektleitung: Antje Eszerski
Redaktionsleitung: Dr. Reinhard Pietsch
Umschlag: Till Eiden
Titelabbildung: © TCL / Bavaria
Herstellung: H + G Lidl, München
DTP/Satz: Fotosatz Völkl, Puchheim
Printed in Italy
Gedruckt auf chlor- und säurefreiem Papier

ISBN 3-517-07847-6

Register